国家出版基金项目
NATIONAL PUBLICATION FOUNDATION

中华民族文化大系

【鄂温克族】

鹿鸣兴安岭

主编　都永浩

总顾问单位　国家民族事务委员会

上海锦绣文章出版社　上海文化出版社

中华民族文化大系

《鹿鸣兴安岭——鄂温克族》

主　编

都永浩（朝鲜族） 黑龙江省民族研究所研究员、所长

副主编

那晓波（鄂温克族） 黑龙江省社会科学院研究员

撰稿专家（按章节顺序排列）

刘玉亮 黑龙江省民族研究所特聘研究员

波·少布（蒙古族） 黑龙江省民族研究所研究员

都永浩（朝鲜族） 黑龙江省民族研究所研究员、所长

汤　洋（鄂温克族） 黑龙江省民族研究所副研究员

那晓波（鄂温克族） 黑龙江省社会科学院研究员

王铁钢 根河源国家湿地公园总经理

呼伦湖晨曦。"呼伦贝尔"这一地名便来自"呼伦湖"与"贝尔湖"的集合（图/于怀）

阿地里·居玛吐尔地(柯尔克孜族)

陈　倩	陈　徵
陈丹正	陈勤建
罗春寒(水族)	和少英(纳西族)
金黎燕(景颇族)	周亚成
周志军	周国茂(布依族)
周艳梅	郑继强(仡佬族)
房剑森	孟旭彦
赵卫星	赵昌平
郝苏民(回族)	胡文明(普米族)
段　超(土家族)	俞惠煜
姜复生	姜逸青
袁晓文(藏族)	都永浩(朝鲜族)
贾合甫·米尔扎汗(哈萨克族)	夏　蒙
夏一鸣	热依拉·达吾提(维吾尔族)
铁穆尔(裕固族)	徐　炯
徐艺乙	高志英(纳西族)
高韵斐	郭　锐(佤族)
郭志超(回族)	郭建斌
黄永松	曹先强(阿昌族)
鄂崇荣(土族)	康南山(傣族)
彭卫国(土家族)	葛剑雄
蒋澄澜	覃德清(壮族)
傅爱明	街顺宝(彝族)
童翔蔚	蓝炯熹(畲族)
赖永良(德昂族)	蔡武成(傈僳族)
阚宁辉	樊人龙
滕春华(俄罗斯族)	颜莹舫
毅　松(达斡尔族)	潘晓岗

敖鲁古雅画家维佳的作品。画面表现了使鹿鄂温克人骑着驯鹿在雪野上迁徙的场景(图/冯训林)

弘扬优秀民族文化
打造传世文化精品

中国自古就是一个统一的、多民族的国家，各民族之间交往频繁，相互依存，相互融通，血肉相连。上下五千年的中国史，就是各民族交往交流交融的历史，各民族的交往交流交融也是中华民族自我完善发展的强大推力。我国各民族都是中华民族大家庭中的成员，各民族团结进步是中华民族的生命所在、力量所在、希望所在。只有加强各民族交往交流交融，在共同生产生活和工作学习中加深了解、增进感情，才能促进各民族和睦相处，像石榴籽那样紧紧抱在一起，在中华民族大家庭中守望相助、和谐共生。

文化是民族的精神血脉，积淀着民族深沉的精神追求，代表着民族独特的精神标识，文化自信是国家发展更基本、更深层、更持久的力量。中华文化是一个有机的整体，优秀的民族文化是中华民族深厚的历史文化和丰富的人文风情的重要组成部分。中国56个民族的文化尽管个性纷呈，但是它们都深深根植于整个中华民族文化的丰厚土壤里，既特色多元又融为一体，“各美其美，美美与共”，共同创造了源远流长、灿烂辉煌的中华文化，对延续和发展中华文明、促进人类文明进步，发挥着非常重要的作用。

各民族优秀的文化事项和文化元素，不仅是各民族的文明精华，更是今天整个中国文化大发展的源头和根基。我们要坚持辩证唯物主义和历史唯物主义，不断赋予新的时代内涵和现代表达形式，不断补充、拓展、完善，使中华民族最基本的文化基因与当代文化相适应、与现代社会相协调、与时代需求相结合。优秀的民族文化元素一旦与现代理念和技术相结合，必将焕发出勃勃生机，有利于中华文化在今天的世界多元文化中彰显出自己的特色与个性，有利于促进新一轮的中华文化大发展。

习近平总书记在中央民族工作会议上指示："让各族人民增强对伟大祖国的认同、对中华民族的认同、对中华文化的认同、对中国特色社会主义道路的认同。我们越是接近民族复兴的目标，就越需要汇聚全民族的磅礴之力。"民族问题是事关国家长治久安的核心和要害问题，民族团结是实现中华民族伟大复兴中国梦的基石和"助推器"，向广大民众展示、解读、传播、弘扬各民族优秀文化，促进各民族相互了解、相互尊重、相互包容、相互欣赏、相互学习、相互帮助，具有十分重要的意义，是非常必要、非常迫切的任务。只有加强民族之间的相互了解，才能消除偏见和误会，让民族团结之花常开长盛，共建美好的中华民族大家园。

上海文艺出版社、上海市国际文化传播协会、上海文坊文化传播有限公司多年来一直致力于中华民族优秀传统文化的弘扬及其创造性转化和创新性发展，取得了诸多成果。由三家单位策划的这套"中华民族文化大系"大型丛书汇集众多民族文化研究成果，集聚一流的民族文化专家学者，解读各民族悠久灿烂的文化，展示中华民族共同的精神家园，极大丰富了国民的文化认知。为配合做好新形势下的民族工作，出版这类既有主体观、本土观，也有他者观、国家观，既立足于学术，又为群众喜闻乐见的普及型著作，可谓恰当其时。这套丛书虽然是一部以传统纸质印制的图书，但又不拘泥于纸张，利用现代理念和技术进行文化整合创新，使传统图书与各种新兴媒体表现手段有机结合，在可读性、大众化方面进行了独具中国特色和当下风格的内容表达与视觉呈现的探索，以期让读者获得更完整、更全面的阅读体验。

我国众多民族与周边各国的民族和人民之间有着千丝万缕的联系，而民族文化具有独特的魅力以及广泛的文化传播力，尤其是与"一带一路"国家战略高度契合。希望这套丛书可以推动中华优秀文化的国际传播，推动中外文化的交流互鉴，成为中国民族文化"走出去"的力作。同时，这套丛书也将以令人信服的内容成为世界准确客观了解中国的窗口，并回答国际社会对我国民族问题的关切和期待。

2016年12月29日，习近平总书记致信祝贺《大辞海》出版暨《辞海》第一版面世80周年，对出版工作作出了"坚定文化自信，坚持改革创新，打造传世精品"的重要指示，作为富有责任感、使命感的出版文化工作者，我们更有义务做好弘扬优秀民族文化、打造传世精品的工作，讲好中国故事，谱写中国篇章，宣传中国文化，担当中华优秀文化的传承者和守卫者。

本书编委会

2017年6月

目录 CONTENT

第1章
额尔古纳河右岸
人文地理
39

目录　CONTENT

第2章
从高山老林
走下来的人们
历史
75

目录 CONTENT

第3章
与神灵签约
宗教
113

第4章
白桦林里唱起《狍子之歌》
技艺服饰乐舞
133

目录 CONTENT

鄂温克族曾被称为“林中猎鹿人”，狩猎、饲养驯鹿有着悠久的传统（供图/乌热尔图）

序言一

早在20世纪中期，苏联学者曾感叹道：『（鄂温克族）与世界上其他民族区别的最大特征是：少数人口占有如此广阔的地域，世所罕见。』无论从何种角度看，这样的生存境况与族群分布都带有几分神奇，也隐含着述说不清的奥秘。

在大自然的怀抱

乌热尔图(鄂温克族)
内蒙古自治区呼伦贝尔市文联主席

鄂温克人通常把营地安置在河边。图为表现鄂温克营地的历史照片（供图/乌热尔图）

从地理分布的大范围来看，以鄂温克（ewenki）自称的民族现生活在中国与俄罗斯这两个国家。居住在中国境内的鄂温克人，现有人口为3万多人，他们大多生活在内蒙古东北部呼伦贝尔市境内的森林和草原地带，一小部分人散居在黑龙江省境内；生活在俄罗斯境内的鄂温克人，现有人口总数为4万多人，他们主要分布在西伯利亚地区，具体地理方位在西至叶尼塞河左岸，东至鄂霍次克海沿岸及萨哈林岛（库页岛），北至北极圈，南至黑龙江流域的广阔地域。早在20世纪中期，苏联学者曾对此感叹道："（鄂温克族）与世界上其他民族区别的最大特征是：少数人口占有如此广阔的地域，世所罕见。"

无论从何种角度看，这样的生存境况与族群分布都带有几分神奇，也隐含着述说不清的奥秘。简而言之，在历史的长河中，鄂温克民族一直保持着森林狩猎者的形象，其最大特点是：人口较少，居住地分散。

那么，人们想要弄明白的是，这一有着独特命运的族群到底是从哪儿来、她怎么就出现在了那么遥远的地方等等问题。

要讲清楚这些问题并不是一件容易的事情。鄂温克民族是一个古老的族群，在历史的长河中一直游荡于边缘地带，占有隐而不显的位

《彩虹》

扫描二维码，优美的音乐会在您耳边响起

肖像绘制/丁德武

置，由于错失了创建文字书写系统的早期机遇，逃避战乱或开辟新的猎场，又致使鄂温克人作大跨度地域性迁徙。这样一些制约性历史因素，使其族群记忆出现了不同程度的断裂与空白，那仅仅凭借口头传承的记忆就显得易于遗失和破碎，难免在颠簸岁月的侵蚀下变得残缺不全，甚至模糊不清。坦率地讲，有关鄂温克民族的起源及其历史记忆，一直处于有待挖掘和整理的状态。有关这一民族的起源，在鄂温克人中间流传着一个古老的传说：

乌云达赉先生从地理、植物等多方面论证了兴凯湖即为鄂温克人传说中的拉玛湖(图/余彬)

“传说，有一个很大的湖，叫‘拉玛’(laamu)湖。八条大河流入这个湖里，湖里长着许多美丽的水草，水上漂着许多荷花。站在湖边望去，离太阳好像很近，太阳就像从湖边升起来。那里气候温暖，但一过湖就冷了。湖的周围山很高，鄂温克人的祖先都是从‘拉玛’湖的高山上起源的。”

谁也说不清楚，这个传说被一代又一代的鄂温克人讲述了多久，鄂温克族的后人对传说中的每一处细节都深信不疑，虽然他们不能完整地解读其含义，但在内心中将其视为先祖遗留的瑰宝。

最初，尝试解开这一谜底的，是研究中国北方史的一位专家，他的名字叫吕光天。早在20世纪50年代末，吕光天先生曾亲赴大兴安岭北麓林区，参与了对鄂温克民族及其分支的社会历史调查工作，由此获得了体验和感受鄂温克民族生活的历史机遇，并对古朴的鄂温克文化产生了浓厚的兴趣。几年之后，吕光天先生在文献考证与民族学研究的基础上，阐述了自己的历史见解，其研究成果在

叶尼塞河中下游流域曾经是鄂温克族历史上的迁徙通道(图/哈斯巴更)

1963年刊印的《鄂温克族简史简志合编》中进行了表述。吕光天解读了鄂温克人古老的“拉玛湖的传说”，提出鄂温克民族起源于贝加尔湖周边地区的猜想，他认为贝加尔湖就是传说中的“拉玛湖”。这位学者还列举了翔实的史料，厘清了清代以来鄂温克民族的历史演变及其发展脉络，由此拉开了鄂温克民族历史书写的序幕。

吕光天先生有关鄂温克民族的历史书写，不久便成为正式的文本，被大多数的鄂温克人所接受，这在一段较长的时间里，对于拓展鄂温克民族的视野，启发其心智，发挥了不可低估的作用。

但到了20世纪90年代，鄂温克民族起源于贝加尔湖周边地区的猜想，便露出明显的缺陷，变得难以自圆其说了。一个被普遍认可的历史事实是，最迟至唐代之初，贝加尔湖周边地区为突厥语族地理区，或可称之为匈奴–突厥文化地理区。另外，有大大小小336条河流汇入贝加尔湖，其地理特征及气候条件与传说中的“拉玛湖”相差甚远。这样，就出现了一个历史悖论：属于通古斯语族的鄂温克族群能否来源于突厥语族的文化地理区？

从鄂温克族聚居地出土的动物化石，也从另一个侧面证明了乌云达赉先生的观点（图/鄂温克族自治旗博物馆）

突破这一困局的，是鄂温克族历史地理学家乌云达赉先生。乌云达赉凭借扎实的语言学功底和多年积累的古地名考证的实践经验，以交叉的多重视角切入历史，破译古地名中北方河流的原意，审定其方位，并重新梳理古籍中被人们忽略、误读的信息，发现并确认了传说中的“拉玛湖”，是位于乌苏里江源头的“兴凯湖”。乌云达赉认为，鄂温克民族的起源地，在兴凯湖周边地区及乌苏里江流域。这一发现及研究成果，将鄂温克民族的起源地纳入了满–通古斯语形成的文化地理区，也与人类学家希罗科戈罗夫（史禄国）在《北方通古斯的社会组织》一书中阐述的观点一致。希罗科戈罗夫认为，“原通古斯人本来是一个被海洋封锁了出路的大陆民族”。也就是说，在早期阶段，鄂温克原本是在濒海山区居住的族群。

这些重要的研究成果，对于逐步增强历史意识的鄂温克民族来说，还真是来之不易。

乌云达赉先生指出，在《三国志·东夷传》中记载的“沃沮”（olgi），是指居住在乌苏里江流域的古老居民，鄂温克（ewenki）这一古老的族称，原本是由沃沮生发而来。沃沮本属于通古斯语族，而非濊貊族系。《北史·勿吉传》将之译音为“安车”，《旧唐书》《新唐书》译音为“安居”。这是有关“ewenki”这一族群自称最早的汉文音译。

》乌云达赉研究发现，由于鄂温克族群对河流有着特殊情感，他们习惯上以自己赖以生存的河流来区分彼此，这就在风云变幻的历史中抛下了一个又一个的谜团。史籍中记载的“沃沮”（olgi）——“安居”（ewenki）——“乌素固”（usulygu）——“弘吉剌”（onkir、honkir）——“通古斯”（tunggus）——“索伦”（sologu-ni），这些古老的称谓，历史地理学家乌云达赉用一棵生命之树将其串联，以鄂温克（ewenki）为树冠来贯穿那枝蔓相通的根系。

》乌云达赉寻觅鄂温克族群在不同历史阶段的地域分布及其踪迹，为后人勾勒出了祖先迁徙的大致路径。他认为，鄂温克族先人的迁徙运动，“是通过横贯亚洲北部的天然历史通道进行的。这条天然历史通道分为四段：第一段，从安居故地（锡霍特山脉南段和乌苏里江、绥芬河、图们江等流域）通过长白山北麓通道，到达松花江吉林段西岸地区；第二段，从松花江吉林段西岸地区通过洮儿河、哈拉哈河通道进入呼伦贝尔；第三段，从呼伦贝尔通过音果达河、乌达河通道抵达贝加尔湖东岸地区；第四段，横渡贝加尔湖，顺安加拉—叶尼塞河通道西达叶尼塞河中、下游流域，一部分人到了鄂毕河下游东岸，北抵北极地区。这第四段通道，在贝加尔湖西岸分岔，顺勒拿河而下，至阿尔丹河口又分岔，一路东达鄂霍次克海岸，另一路抵北冰洋岸边。安居人顺着这几条大通道，将自己发祥地的文明传播到了整个亚洲北部”。

秋天的呼伦贝尔一派苍茫（图/林子）

》在这里，还有一个需要破解的难题困扰着人们。这就是，如此古老的族群，在历史的演变中为何不能雄踞一方，成为一个经济发达、人口兴旺的强盛民族，反而变得人口凋零，民族人数仅在3万上下徘徊？这确实是一个潜在的问题，是与历史相关的难解之题。

20世纪初，生活在西伯利亚地区的鄂温克人（供图/乌热尔图）

》从宏观的历史视角看，影响及削弱鄂温克（ewemki）族群人口发展的大事件，还是很多的。其中，他们所遭遇的几个历史性事件，还是要由后人去挖掘，也值得大家共同来记忆。

》早在隋末唐初，也就是在6—7世纪时，被称为"乌素固"部落的鄂温克分支，率先移居额尔古纳河流域。之后不久，实力雄厚的鄂温克弘吉剌六部，也抵达呼伦贝尔，他们分布在北起根河流域、南达哈拉哈河流域、西至克鲁伦河以北的广大地区，最远的部落支系深入了蒙古高原东北部区域。鄂温克族群在这片广阔的区域按氏族、部落聚居，尤其是弘吉剌六部，他们有自己的领地，有自己的军队。这些鄂温克人与尼伦蒙古部落为近邻，彼此友好相处，最终鄂温克的婆速忽儿、斡勒忽讷兀惕部落与尼伦蒙古联姻，他们与孛儿只斤氏结成政治军事联盟。以至后来，在铁木真艰难的建国斗争中，得到他外祖父所属弘吉剌斡勒忽讷兀惕部落的支持，特别是受到岳父特薛禅及其所属的弘吉剌婆速忽儿集团的坚决扶持。在那段艰难的岁月，以弘吉剌六部为核心的鄂温克诸部，为蒙古新兴

吹起鹿哨，诱捕野鹿（供图/乌热尔图）

力量的崛起，为蒙古的建国斗争流血牺牲，做出了不可替代的贡献。成吉思汗称帝之后，曾降旨：“弘吉剌氏生女世以为后，生男世尚公主，每岁四时孟月，听读所赐旨，世世不绝。”

在鄂温克民族的发展史中，这一类因缘巧合的历史事件不应被忽视。显而易见的是，在那一时段，一些实力雄厚的鄂温克部落支系，以传奇般的境遇和特殊的身份融入了蒙古集团。

17世纪初，由哥萨克匪徒组成的探险队，窜入外兴安岭至黑龙江以北的地区，在鄂温克索伦部的家园刮起“血腥的毁灭一切的风暴”，他们劫掠居民，捕捉人质，蹂躏妇女，残杀俘虏，勒索貂皮和牲畜，给鄂温克民众带来了痛苦和灾难。鄂温克索伦各部在其头领的率领下，纷纷拿起手中的弓箭和猎刀，在将近半个世纪的时间里，对入侵者展开了顽强的抗击。至今，在鄂温克人中流传着英雄沙晋的故事。据1919年黑龙江报馆出版的《龙城旧闻》记载：“邻居黑龙江省之俄人，每于小儿哭时必吓曰：‘沙晋来……沙晋来……’小儿闻之，即惧，不敢啼。沙晋者，清初呼伦贝尔索伦也，骁勇，号无敌，始为猎户，善射，有穿杨技，后由边将某擢为百夫长，命守边，仅统数十人，罗刹之为盗者，相戒莫敢犯。”

鄂温克族猎民所佩的猎刀，长38厘米，宽4厘米（图/庞雷）

大约在清朝顺治年间（1644—1661），誓死抗击沙俄入侵者的鄂温克索伦部，在缺少强有力后援的境况下，被迫从外兴安岭以南、黑龙江以北富饶的地区内迁大兴安岭（也称内兴安岭）地区，他们落脚在大兴安岭东侧的河流支系，获得

20世纪二三十年代，英国学者拍摄的生活在根河流域的鄂温克族人照片（图/琳达·格林）

勇猛的鄂温克士兵曾被清廷派往新疆戍边，图为如今依然留在新疆的鄂温克族人使用的鞋垫(图/庞雷)

了短暂的休养生息的机会。之后，鄂温克索伦各部被陆续收编成佐(满族八旗制的基层军政组织，满语叫“牛录”，“佐”是入关后“牛录”的汉名，1牛录300人)，总称为“布特哈打牲部落”。乾隆皇帝对收编后的索伦兵的“质性犷悍”、骁勇善战心态颇为矛盾，他既赞赏“满洲索伦兵，实胜绿旗”，又不忘提醒对索伦兵“自当留心”。清统治者将索伦兵视为能打硬仗的轻骑兵，逢有重大战事均征调鄂温克将士前往。例如，康熙年间征战噶尔丹、准噶尔，雍正年间征战科布多，乾隆年间征战大小金川、阿睦尔撒纳，嘉庆年间的平乱，道光年间抵御英人犯境，同治、光绪两代驰援新疆等。在百数十年里，鄂温克将士共出征七十余次，屡出奇兵，他们的足迹踏遍西藏，旌旗飘扬在台湾。

》在“索伦劲旅”中，涌现了一代战将——海兰察。这位久经沙场的军事将领，战功显赫，在他身上体现了鄂温克人的忠诚、勇敢和智慧。

》但是，在二十余年的征战活动中，鄂温克族士兵大多有去无回，多数战死在沙场。根据《黑龙江志稿》所述：“按《黑龙江纪略》载，有清征调黑龙江兵四十四次，以为夥矣，众矣。……官与兵数统计六万七千七百三十有奇，其庆生还者十不一二也，不死于锋镝战争之场，即死于溽暑厉疫瘴烟之地。”

》简而言之，鄂温克民族以忠诚和勇敢著称于世，他们也因这一品性而被历代统治者所利用。特别是，在清朝政府固疆守土，为版图奠基的过程中，鄂温克这一人数不多的森林狩猎民族，为了维护领土的完整和统一，付出了巨大的民族牺牲。

》生活在这辽阔疆域上的后来者，都不应该忘记这段历史。

呼伦贝尔市扎兰屯境内的雅鲁河流域，也是鄂温克人生活的区域(图/宝音)

鄂温克族曾经广泛分布于包括今俄罗斯西伯利亚在内的亚洲大陆东北部，他们饲养驯鹿，以狩猎为生（供图/乌热尔图）

序言二

历史上，埃文基人（鄂温克人主体）一直生活在黑龙江以北，
西起叶尼塞河东至鄂霍次克海、纵跨外兴安岭的广阔的地域。
从16世纪开始，俄罗斯人越过乌拉尔山，入侵中国故土，
中国东北边疆的历史噩梦从此来临。
从17世纪中叶开始，在俄罗斯匪帮的铁蹄摧残下，
埃文基人大规模南迁至黑龙江以南的嫩江流域，
分化成了鄂温克人和鄂伦春人。

使鹿者
——茫茫大森林的隐士

都永浩（朝鲜族）
黑龙江省民族研究所 研究员

晚霞映照着根河，使鹿鄂温克人生活在其流域（图/于怀）

《故乡巴彦呼硕》

扫描二维码，优美的音乐会在您耳边响起

肖像绘制/丁德武

鄂温克族广泛分布于亚洲大陆的东北部，她的历史萦绕着一个又一个的谜团，就像大兴安岭的晨雾一样，远眺浓浓的一片，置身其中又感觉淡淡而飘忽，朦胧而美丽。

这个分布区域十分广阔的民族在黑龙江的北部被称为“埃文基”（也有人翻译成“埃文克”）。在俄文资料中，埃文基人还称为“通古斯”“毕拉尔”“玛涅格尔”“奇楞”等，其中的奇楞亦是赫哲族人的来源之一，可见历史上黑龙江流域民族间的融合是多么频繁，这一区域的原居民族是一个庞大的亲缘族团。在大规模南迁黑龙江流域之前，埃文基人中包括鄂伦春人，17世纪南迁黑龙江流域的埃文基人，分化为鄂温克、鄂伦春两个民族。实事求是地看，鄂温克人作为一个有整体自我认同的族体出现，还是在新中国成立以后，之前这个族体处于前民族共同体向民族共同体的过渡阶段。

历史上，鄂温克人的主体一直生活在黑龙江以北，西起叶尼塞河东至鄂霍次克海、纵跨外兴安岭的广阔的地域。从16世纪开始，俄罗斯人越过乌拉尔山，入侵中国领土，中国东北边疆的历史噩梦从此来临。俄罗斯侵略者步步为营，在乌拉尔山以东渐进地建立起了军事要塞

和永久性城堡，埃文基人眼见俄罗斯匪帮逼近，感受到了巨大的威胁和压力。这一历史由俄罗斯学者斯杰潘诺夫引用的17世纪的资料所证实：“开特普堡的首领莫尔恰诺夫静静地等待着春天的到来。春天终于来了，于是，拥有两支奥斯恰克人部队的哥萨克们立即前去讨伐通古斯人。在濒临叶尼塞河并且周围满是河柳的盆地中，他们（通古斯人）看到了还从未见过的场面，一大群敌人穿着同样的服装，他们的头盔和盾牌都是铁制的，肩上挎着装满箭矢的箭筒，帕尔马大刀扛在左肩，所有的弓都拉开着。战斗打得很激烈，最后莫尔恰诺夫的部队胜利了。”所以，从17世纪中叶开始，在俄罗斯匪帮的铁蹄摧残下，埃文基人大规模南迁至黑龙江以南的嫩江流域，分化成了鄂温克人和鄂伦春人。

》鄂温克人后来形成为“布特哈打牲部”之一，被清廷分为5个“阿巴”（即狩猎场）。雍正九年（1731），清廷将5个狩猎场的鄂温克人壮丁按居住地域编成八旗，将骁勇善战的鄂温克人纳入军事化管理。

》雍正十年（1732），清廷从军事角度出发来安置这些曾付出重大代价征服的鄂温克人，从布特哈地区抽调1600多名鄂温克族兵丁及其家眷，迁到呼伦贝尔草原驻防，这部分鄂温克人繁衍而来的后裔，就成为今天生活在鄂温克族自治旗的鄂温克族的主体。除此之外，清廷还将鄂温克人派驻瑷珲、墨尔根、齐齐哈尔、伊犁、塔城、科布多、乌里雅苏台、乌鲁木齐等地，一方面是为防范地方反叛势力所进行的战略布局，另一方面也肢解了鄂温克人的力量，消除了后顾之忧。

从呼伦贝尔远戍新疆的鄂温克后裔日常所用的烟荷包和所抽的莫合烟（图/庞雷）

》作为“索伦”的一部分，鄂温克人驰骋祖国大地，哪里有危机就出现在哪里，收复台湾、抗击外侵、平定内乱，在维护祖国统一、保卫边疆的征战中做出了突出的贡献。

》“鄂温克”一词作为民族自称的形成过程非常曲折，可以说是鄂温克人自我选择的结果。这个自称是鄂温克人最古老的族名，从发音上看，与“埃文基”有着渊源。鄂温克人对他称则不太认可，但这些他称又如实反映了整个族群的历史演变和分布变化。

》声名显赫的“索伦”是指居住在嫩江流域的鄂温克人，这部分鄂温克人目前在内蒙古自治区内主要生活在鄂温克族自治旗，扎兰屯市（原布特哈旗）萨马街鄂温克民族乡，阿荣旗查巴奇鄂温克民族乡、得力其尔鄂温克民族乡和音河达斡尔鄂温克民族乡，莫力达瓦达斡尔自治旗巴彦鄂温克民族乡和杜拉尔鄂温克民族乡；在黑龙江省内则主要生活在讷河市兴旺鄂温克民族乡。此外，新疆的少量鄂温克人也属于“索伦”一支。黑龙江省的鄂温克族以从事农业生产为主，与

农区鄂温克人种植的烟叶（图/庞雷）

其他地域的鄂温克人有明显的差异。今天，知道索伦人的历史的人已越来越少，但历史不会抹去其曾经的辉煌，索伦兵团（由鄂温克人、鄂伦春人和达斡尔人组成）在维护祖国统一方面的重要贡献将永垂青史。

》“通古斯”严格地说是学术名词，从语言学角度理解更贴切一些。这部分被称作通古斯的鄂温克人如今居住在海拉尔河支流莫勒格尔河流域以及伊敏河支流锡尼河流域，也就是内蒙古自治区陈巴尔虎旗鄂温克民族苏木、巴彦哈达苏木和鄂温克族自治旗锡尼河苏木的部分鄂温克人。

》“雅库特”是令鄂温克人反感的他称，它指称游猎于额尔古纳河右支流阿巴河、安格林河及激流河流域的使鹿鄂温克人，他们如今主要生活在内蒙古自治区根河市敖鲁古雅鄂温克族乡。原本“雅库特”是居住在俄罗斯国境内的另一个少数民族的称谓，分布于雅库特自治共和国以及赤塔州、伊尔库茨克州等地。南迁黑龙江前，部分埃文基人是和雅库特人混居在一起的，雅库特人是一个比较大的族团，埃文基人虽然分布广泛但人口稀少，作为外来者的俄罗斯人，自然难识两者的区别，以为埃文基人也是雅库特人，从此张冠李戴。部分埃文基人南迁黑龙江以南后，“雅库特”之名仍然被外族使用。使鹿鄂温克人对扣在头上的外族之名“雅库特”非常反感，甚至发生了这样的事：据说1952年，忍无可忍的使鹿鄂温克人的头人昆都、尼格来代表使鹿鄂温克猎民前往海拉尔向政府

天高云淡、牛羊肥美的呼伦贝尔草原是鄂温克族人的家园（图/庞雷）

请愿，要求还“鄂温克”之名于本族。后来各地的鄂温克人派出代表协商，统一向政府提出恢复“鄂温克”族称的要求。1957年，“索伦”、“通古斯”、“使鹿”（“雅库特”）三部分鄂温克人统称为“鄂温克族”。

》 对于“鄂温克”一词的含义，学界也有不同的解释，甚至发生了很有趣的争论。一般认为，“鄂温克”是指“住在大山林中的人们”或“住在南山坡的人们”，对此学界一直没有异议。但在1996年这一情况发生了变化，鄂温克族著名学者朝克先生从语言学角度进行了不同以往的诠释。他认为，从鄂温克语语义学角度分析，“鄂温克”一词解释为“从深山密林中走下来的人”或“从山林中走向平原的人”更为贴切。1998年，鄂温克族的另一位著名学者乌云达赉先生也做出了类似的解释，并更进一步作了补充说明。他说：“不久前，住在东西伯利亚的某些鄂温克氏族回答外地人发问时，住在河边的自称ewenki人，住在山上的自称oroonki人。”波·少布先生认为，对“鄂温克”一词含义的争论，自此划上了一个完整的句号。

》 鄂温克人在历史上很少被外面的社会所了解，但他们在严酷的自然环境和广袤的地域内生存了数千年。这一族群与很多强大的民族有着息息相关的联系，比如室韦、鲜卑、突厥、契丹、蒙古等族。清廷费尽九牛二虎之力征服索伦后才明白，他们征服的是一支何等骁勇善战之劲旅，所以，清廷后来充分利用索伦人来统治和保卫中国的边疆。在黑龙江以北生活的时代，勇敢、无畏的鄂温克人实乃孤独的隐士。

与鄂温克族有着密切联系的鲜卑族消失在了茫茫历史深处，只留下耳钉（见上图）之类的故物等待后人发掘探索（图/庞雷）

》 在今天人们的印象中，只有使鹿鄂温克人饲养并使用驯鹿，驯鹿也成为这部分鄂温克人的象征，但在历史上，鹿与所有鄂温克人有着无法割舍的亲密关系。亲密到什么程度呢？可以这样比喻，鄂温克人视其为家庭的一员，就如同猎犬与鄂伦春人的关系一样重要和亲密。所以，历史上的鄂温克先辈们是地地道道的“使鹿者”。

》 鹿在鄂温克人心中的重要地位，从无所不在的鹿的形象及蕴含于他们内心的观念中体现出来。

》 在新石器时代鄂温克人所生活的地域，驼鹿的形象就经常在岩画中出现。早期是轮廓，而后是剪影形状，很多表现为运动状态，而且令人叹为观止的是，用颜料涂抹在岩石上的驼鹿形象与实体等大，甚至还稍大一些。这些驼鹿的形象在岩画中占据主导地位，说明鄂温克先民的生活与大量存在的驼鹿息息相关，当时它既是运输工具，又是人们食物和生活用品的重要来源。驼鹿又被鄂温克人

这是新石器时期岩画中占主导地位的驼鹿图案。在该时期，驼鹿在埃文基人经济中占非常重要的地位。这些驼鹿图案尺寸很大，一般为等身形状，用颜料绘制，呈现运动状态。在新石器时代早期，驼鹿图案多只勾勒轮廓；中后期，逐步呈现为剪影形状（图/刘玉亮）

称作"罕达犴"或"犴"，体型硕大，一般体长为200—260厘米，肩高160—240厘米，比大多数犀牛都高大，体重达400—600千克。令人称奇的是雄性驼鹿庞大的鹿角，与其他鹿类不同，不是普通的枝杈形，而是呈扁平的手掌状，水平方向伸展，中间宽阔，犹如仙人掌。驼鹿被鄂温克人重视还有一个原因，就是它具有极强的适应能力，能够在极其严酷的寒冷环境中生存。驼鹿是典型的近视眼，但它能够通过极为灵敏的听觉和嗅觉洞察秋毫。虽然体型庞大，但动作灵敏，可以跃起几米高取食树枝树叶，也可以在厚厚的积雪上快速奔跑，以50千米左右的时速奔跑几个小时不在话下。在江河湖泊密布的地域不会游泳是危险的，很可能被猛兽围剿，而驼鹿就是游泳健将，可以游20多千米不上岸，甚至潜泳到5—6米深的水下去觅食鲜嫩的水草。驼鹿的这些特异功能，对鄂温克人祖先而言非常重要，鄂温克先民因此赋予了驼鹿神性，把它作为图腾而崇拜。

》即使到了青铜器和铁器时代，岩画上的驼鹿形象也未消失，同时，被誉为"森林之舟"的驯鹿开始出现在岩画中。进入铁器时代后，驯鹿取代驼鹿成为鄂温克人生产生活最主要的助手。在器物、服饰、宗教用品等上面，鹿的形象成为绘画、雕塑的永恒题材绵延数千年。

》鄂温克人绘制的各种动物形象均有寓意，其中，鹿的形象占据了主要地位。这是因为鄂温克人对鹿是最熟悉的，鹿既是他们的亲密朋友，又是食物服饰和其他

祖先在岩石上留下了怎样的族群记忆呢？（图/冯训林）

用品的重要来源，他们以图腾之名崇拜鹿，解决了食用、役使鹿和他们所信奉的神灵崇拜之间的矛盾。

》无论是在驯鹿鞍韂、桦树皮制品，还是在宗教器物上，鹿的图案都被大量使用。我们来看一件历史上外贝加尔地区使鹿鄂温克男萨满长衣，衣服上的图案用白鹿毛绣成，在左襟靠上部分，用红颜料画着上下两个图案：下边是一只母驼鹿，上边是一只公驼鹿。公驼鹿长15厘米、高12厘米。母驼鹿图案面积小些。公驼鹿呈非常简洁的运动状态，有立体感。在右襟上，并排画着两只鹿，其中一只公鹿较驼鹿矮瘦，有高耸的枝形角和一窄绺鹿须。两只鹿，一只是野鹿，另一只是驯鹿。通常认为，这表现的是萨满请求神灵（包括动物的神灵）赐予野兽更强的繁殖能力，并希望神灵保佑鄂温克人猎捕到更多的野兽。萨满服上的鹿的图案传递的就是如此丰富的涵义。

》萨满神毯中的图案是部分鄂温克人极具特色的神灵观的体现。这种神毯据说只存在于雅库特地区和叶尼塞河流域的鄂温克人中，它同样与鹿有关，因而对我们进一步了解鄂温克人的鹿文化很有帮助。有一块1910年发现的鄂温克人神毯，加上穗子面积约0.32平方米，毯子的中央部分是深棕色颜料画的不规则四边形。其内四边形中心位置是一只鸟，边上有一个人，更重要的是有5只鹿分布于其中。在

这是下通古斯卡河流域埃文基人保留下来的唯一一幅绘在树上的图画文字。图案用木炭绘制，呈直角形状。它的意思是说，有一位女猎人骑着鹿，带着另一只鹿和一条狗，到山林中狩猎。树杈上挂着一根不长的木棍，指着她回来的方向，说明她会很快回来（图/刘玉亮）

这块皮制神毯是20世纪20年代在下通古斯卡河流域埃文基人中发现的。皮毯的条带采用正方形、长方形、三角形和菱形组成的镶嵌工艺，颜色彼此交替，在暗色的中央长方形上，缝着鹿头的侧面图案，形象十分逼真（图/刘玉亮）

这个四边形的外侧还有一个更大的不等边四边形，画着10头鹿，呈由右向左运动状。在其外，又有一个不等边四边形，四周是17只鹿的图案。整块神毯上计有鹿形图案32、人形图案9和鸟形图案若干。在1908年发现的叶尼塞河流域鄂温克人的神毯上，鹿的图案更多，共画有42只鹿。这些神毯上的鹿的形象意义何在呢？显然，它并非普通的图画，而是具有神性，萨满试图将自己的灵魂附着在这些图形上，以免病魔侵害到这些鹿，所以，神毯也可以说是鹿的庇佑者。由此也说明，在鄂温克人的观念中，生命和灵魂是可以分离的，灵魂的重要性远大于生命的物质载体。

》鄂温克人在20世纪中叶以前事实上处于前民族阶段，并没形成整体的自我认同，其群体还仅仅是由于语言相通和地域相连而被他者归为一个族类。需要探究的是，鄂温克人在这严寒而广阔的地域是靠什么样的智力和技巧联络、共生的。

这是一幅中通古斯卡河流域埃文基人的绘画文字，画在一棵松树上，用木炭绘制。4个三角形表示帐篷，河面上有3只小船，船上画着3个人形图形。整幅图画表示4座帐篷的3个人分乘3条船去狩猎。这幅图画是一位鄂温克族老人留给一个落后于他的猎人的，以便让这个人寻找两只鹿和火炉，找到之后，再继续追赶他们（图/刘玉亮）

》在南迁以前，从叶尼塞河至阿尔丹河这一广阔区域中的鄂温克先民们，都有在大树上绘制图画的习俗。这不是简单的图画，而是包含着丰富的信息，记录了这一带近期发生的各种事件，以及曾经生活于此处的鄂温克人的一些生活经验，也包含了对即将前来的鄂温克人的善意提醒，这种无私的关怀和团结，是相近的人类群体能够在北东北亚严酷（冬季）环境下生存下去的关键。鄂温克人各群体彼此相隔遥远，当某一个群体迁徙时（特别是在冬季），都会在森林中留下一部分驯化的鹿，送给后来的鄂温克人。这些鹿在一段时间内是没有人看护的。鄂温克人会将此事画在树上，告知后来者。其他信息也会在树画上表现，比如迁徙路线、族人重大变故、遇到的危难等等。

》鄂温克人一般在林中显眼之处找一棵树，砍掉一块皮，用木炭在砍痕上作画。有的鄂温克人将桦树皮块剪成相应的图案，绑在树上。这种图案很有意思，可以完全表达想要表达的信息。有一幅图画是用木炭绘制的，4个三角形表示帐篷；一条宽而弯曲的斜带，有些地方波浪起伏，表示河流；河的上面有3条小船，证明是从上游下来的；船的上面共画着3个人形图形。在这幅图画中，河流和小船在一个平面，人在前面，帐篷在侧面。整幅图画表示：4座帐篷的3个人分乘3条船去狩猎。这幅图画是一位鄂温克族老人留给一个落后于他的猎人的，以便让这个人寻找两只鹿和火炉，找到之后，再继续追赶他们。图画体现了鄂温克人的智慧和生存的技能。他们用这样的联系方式，将相似的族群黏着在一起。

》鄂温克人是勇敢和刚毅的，但如果没有信仰作为支撑，就不会有赫赫有名的索伦部。

》 鄂温克人的信仰是什么呢？据有的鄂温克部落传说，鄂温克人的大地是两条立于海上的蛇来支撑的。叶尼塞河鄂温克人的古老观念认为，大地是建立在4根巨大的柱子上的，这4根柱子实际是4条体积巨大的鱼——两条狗鱼和两条鲈鱼。我们无法准确介绍其中的含义，但它大致建构了上界（宇宙）、人间和地狱。大地（女性神）是人间，水下是地狱，大地的周围就是天界，由太阳、月亮、星辰组成，善神在最高处。所有的世界是装在“图鲁”（宇宙树）图画中的，其中布满了各种大大小小的神灵，有善神，也有恶神，能将这三界联系在一起的只有善神的代言人——萨满。万物有灵是鄂温克人信仰的基础，其中的图腾信仰解决了精神与物质的矛盾，而三界观则是鄂温克人信仰的体系。

》 在黑龙江南北的东北亚少数民族中，普遍存在着宇宙树的观念，与其相近的概念还有氏族树、世界树、萨满树等。宇宙树将天界、人间和地狱连接起来，萨满是这一庞大的神灵世界的中间媒介，也可以说是人神之间的中间人。树的顶端居住着神力最大的神，在通往树顶的艰难旅途中，总会有一些恶神阻挠和破坏。人间到处是神灵，也就是万物有灵。地狱是恶神汇聚之处，它们为祸人间，只有神通广大的萨满才有法力到达地狱解决人间的难题。

》 萨满鼓及上面的图案被视为整个的宇宙，宇宙树用一根或两根立柱来表示，也可以用两棵树来表示。一般而言，萨满把图鲁比喻为整个的世界，天、地和地狱

最终汇入海拉尔河的伊敏河，流经鄂温克族自治旗全境，被鄂温克族人视为母亲河
（图/视觉中国）

成为一个相互联系的体系，萨满要经过千难万阻到达天界，接触善神和最强大的神，为族众消灾祈福。

》这个直达云层之上的“树”顶，是萨满所向往的。图鲁上的所有图案，都有它的寓意和作用。

》萨满教、万物有灵观念、宇宙树、图腾是鄂温克社会的精神价值所在，萨满“旅行”过程反映了当时的鄂温克人社会的面貌。所以，鄂温克萨满是术士、医生和预言者。在某些时候，萨满还要作为临时的军事首领带领战士出征。

》图腾信仰是鄂温克人的重要观念，它为鄂温克人解决现实的矛盾、冲突，为鄂温克人带来勇敢基因。同其他前民族共同体一样，鄂温克人将物质的生命和灵魂分离开，并且认为灵魂是生命的本源，灵魂不死则物质的生命就是安全的。俄罗斯学者苏斯罗夫收集到通古斯卡河一则传说：据说古时候氏族间的战争最终是两个强者的决斗。两个萨满用箭对射，一个萨满将另一个萨满射死了。战胜的氏族开始庆贺战争的胜利，但他们高兴得太早了，因为被射死的萨满又复活了，而且功力大得惊人，已经不怕箭射，成为了一个射不死的人。于是，人们把他的耳朵、鼻子、嘴唇割下吃下，剖开腹部，吃了他的心，喝了他的血，这些人也成为了不可战胜的人。这则传说，实际上说明了原始文化中的两个重要理念：第一个是生命可以分为两部分——物质的和精神的，精神的灵魂不灭则物质的生命可以以各种形式存在，二者甚至可以长期分离存在；第二个是灵魂和力量位移观念，通过吃掉强者的肉体，喝强者的血，可以化敌为友，合二为一，吸收对方的力量，使自己的力量更强大。

这是萨满神鼓鼓槌的一面，在向下界神明祭祀时使用。中央部分雕刻的图案是一位已故的萨满。鼓槌的现占有者（萨满）正是从前辈萨满身上得到萨满的天赋和神性的（图/刘玉亮）

》可以说，鄂温克人的灵魂观念是非常重要的，是万物有灵、萨满教、图腾观念、轮回观的基础，也是鄂温克人勇敢地生活下去的动力，它造就了一个从来不惧怕任何困难和危险的民族。我们没有理由不敬仰和尊重这个被神灵护佑的勇敢民族。

（本文涉及埃文基人部分，主要参考了孙运来教授编译的俄文资料）

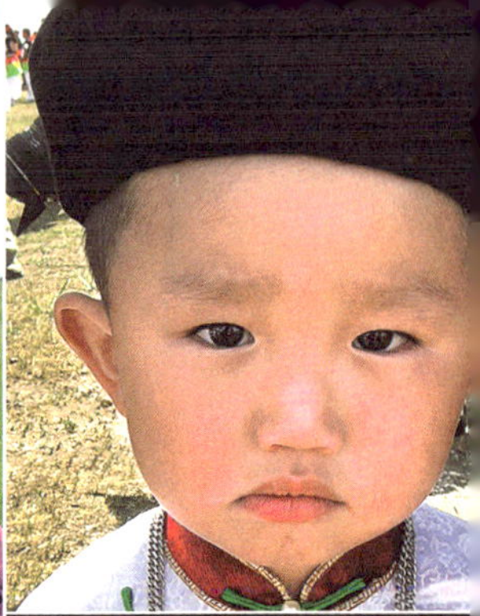

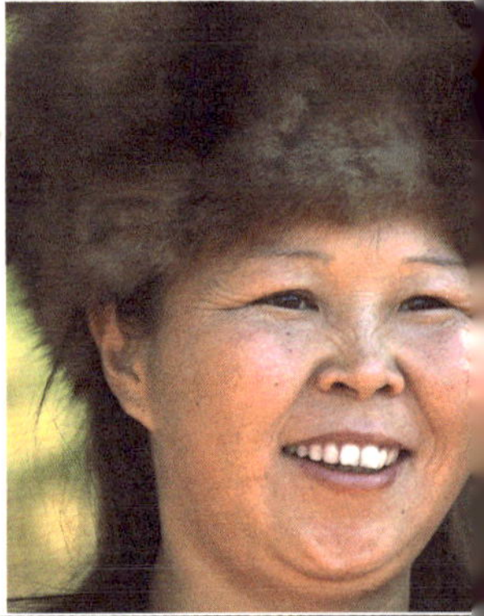

鄂温克族

人口与分布

鄂温克族人口有30875人（2010），主要分布在内蒙古自治区和黑龙江省。其中，内蒙古呼伦贝尔市的鄂温克族占鄂温克族总人口的85%以上。另外，由于历史原因，新疆伊犁也居住有极少量的鄂温克族人。大分散、小聚居是鄂温克族的分布特点。

环境与资源

鄂温克族人主要居住在内蒙古自治区呼伦贝尔大草原以及大小兴安岭地区，那里资源丰富，环境优美。有波状高平原、丘陵、山脉及交错起伏的河谷滩地，地势南高北低。河网较密，湖泊和泡泉很多。土壤和植被分为针叶林棕色泰加林土地带、森林草原黑钙土地带、干草原栗钙土地带3大类。最低气温达-48℃，最高气温为38℃。夏季温而短，冬季寒而长。

鄂温克族人生活的地区草牧场占一半以上，有黄花苜蓿等90余种优良牧草及相当规模的天然芦苇地带。山林主要有落叶松、杨、桦、榆、柳等多种树木，以樟子松最为著名。野生药材品种繁多，常见的有防风、玉竹、地榆、黄芪、苦参、五味子、知母、桔梗等200多种。有马鹿、黑熊、獐、天鹅、飞龙、丹顶鹤等珍贵禽兽。有木耳、红豆、草莓、黄龙、松蘑、猴头蘑、白蘑、野玫瑰等山珍。主要矿藏有金、银、铜、铁、铝、锌、锰、铅、玛瑙、煤、石灰石等。农作物以小麦、大豆、大麦、燕麦、玉米为主。鄂温克族地区有相当丰富的旅游资源。尤其是草原旅游、山林自然风光旅游、维纳河矿泉旅游等在国内很有名。

族源与历史

关于鄂温克族来源，一种说法是，鄂温克族祖先最早居住在兴凯湖沿岸及乌苏里江两岸。另一种说法是，鄂温克族自古以来就生活在贝加尔湖地区及黑龙江中游的广阔山林和平原地带。有关鄂温克族族称，北魏时期称“勿吉”，隋唐时叫“靺鞨”和“北室韦”，辽代称“乌古”或“生女真”，元代称“林木百姓”，明代叫“野人女真”或“树中人”，清代及民国时期称“鄂温克”“索伦”“通古斯”“雅库特”“红库尔”等，1957年后统称为鄂温克。鄂温克是民族自称，意为“从高山峻岭下到平原的人们”。历史上鄂温克族人民在保卫祖国边疆、维护祖国统一的斗争中做出过巨大贡献。

鄂温克族分布手绘示意图（绘图/ZITAO）

语言与文字

鄂温克语属阿尔泰语系满-通古斯语族通古斯语支，分辉河、莫勒格尔河、敖鲁古雅河3大方言。各方言差异主要在语音和外来语言的影响方面。鄂温克族没有本民族的文字。

文化艺术

在长期的生产、生活实践中，鄂温克族人创造并传承了具有山林和草原特色的传统文化艺术。他们的民间故事、历史传说、神话、叙事诗、说唱文学等主要表现本民族的历史变迁、狩猎生产及山林生活，贯穿着对真、善、美的追求和崇尚大自然的生存哲学。他们的谚语、谜语、歇后语十分幽默有趣。民歌曲调悠长、自然、豪放，有浓郁的森林和草原气息。他们的舞蹈有独特的脚步动作，舞姿活泼，节奏性很强。鄂温克族人在桦树皮、兽皮、兽骨艺术及木雕艺术方面颇有成就。他们还有抢枢、坐驯鹿雪橇、骑驯鹿、骑马、摔跤、打猎、射箭、鹿棋等传统娱乐活动。

风俗习惯

鄂温克族男女老少一年四季都穿长袍。夏天穿单布缝有里子的长袍，春秋穿棉布长袍，冬季则穿毛皮长袍。女士长袍腰身细，不骑马时不系腰带；男士长袍腰身粗大，无论骑不骑马均系腰带。男女均爱穿长筒靴子。

鄂温克族人主食为面食和肉。奶茶是他们从早到晚离不开的饮品，奶茶里放有奶酪、奶皮子、奶油、茶米等。另外，奶汤面饭、昆毕尔菜、酸奶米粥、烧驯鹿肉等是他们独具风味的美食。

鄂温克族传统住宅主要有原木木刻楞、柳条苇帘游牧包、桦树皮或兽皮斜仁柱等。现在绝大多数鄂温克族人都住进了砖瓦房。

鄂温克族人从事传统狩猎或放牧生产时常骑用驯鹿、马或乘坐四轮马车、大轮牛车。冬季乘用轻型驯鹿雪橇、中型马雪橇、重型牛雪橇等。水上主要交通运输工具是桦树皮船。现在，他们更喜欢用摩托车、拖拉机、汽车等现代化交通工具。

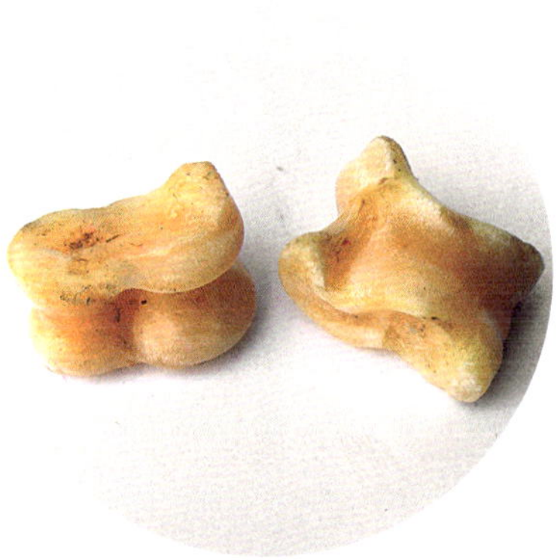

鄂温克族人的婚姻在历史上基本上是父母包办，后来发展为男女青年自行做主，自由恋爱，双方自愿约定结婚日期和建

立婚姻关系。婚事从提亲到结婚分求婚、订婚、互送彩礼、婚礼4个程序。

鄂温克族一年中有多个节日：二月有火神节，四月有伊米嫩节，五月过米阔鲁节，六月有瑟宾节或叫狂欢节，八月过敖包节，九月有鹿神节，十月有米特尔节或迎冬节。其中规模最大、内容最丰富的节日是瑟宾节和敖包节。

鄂温克族传统丧葬要请萨满跳神送葬，并以风葬和河葬为主。后来才有了土葬和火葬。

宗教信仰

鄂温克族人信仰萨满教，信奉万物有灵。他们以太阳、熊、蛇等作为主要图腾崇拜。鄂温克族人十分崇拜大自然，并有祖先神、天神、雷神、火神、鹿神、山神、熊神、吉雅其神、戈勒布尔神等崇拜。鄂温克族萨满有神舞、神歌、神服、神帽、神鼓、法具等。鄂温克族有部分人信仰东正教、佛教、天主教等。

社会政治经济发展状况

1958年8月1日，鄂温克族自治旗成立。1953—1984年间，在陈巴尔虎旗、扎兰屯市、阿荣旗、莫力达瓦达斡尔族自治旗、额尔古纳市成立了8个民族乡，鄂温克族的社会政治地位有了很大提高。改革开放以来，鄂温克族人民的生产手段和生活水平也有了明显提高和改善，适龄儿童都能上学读书，还有了一批本民族的科学家、文学家、艺术家、教师及行政领导干部。

国家级非物质文化遗产

传统音乐

鄂温克族民歌

（鄂温克叙事民歌）

传统体育、游艺与杂技

鄂温克抢枢

传统技艺

鄂温克族桦树皮制作技艺

民俗

鄂温克驯鹿习俗

鄂温克族瑟宾节

鄂温克族服饰

传统舞蹈

鄂温克萨满舞

本书导读示意图

专题标题：以虚实结合的文字概括各民族的某一重要文化事项。

专题段落标题：揭示这一重要文化事项的不同断面，分层切入，条分缕析，引你直抵现象背后的文化之核。

正文

民族经典纹样

图片：既有近百年来中外著名学者亲历现场所拍摄的第一手影像资料，也有当代摄影家极尽巧思的唯美大片，涵盖面广泛，于文本之外，自成一个独立的图片系统。

虔敬而谦卑——作为山林之子的鄂温克人

鄂温克族生活的每一个细节都体现出与自然的相适融合

北中国那渐渐远去的鹿群

星散于莽莽林海和无垠草原的鄂温克族，适应了各自不同的自然环境，从事着不同的生产活动，其中，敖鲁古雅使鹿鄂温克人以其独有的饲养驯鹿的生产方式而备受瞩目，被称为使鹿部落。

关于敖鲁古雅，鄂温克族作家乌热尔图在《敖鲁古雅祭》一文里这样写道：“这里谈及的敖鲁古雅，是一个村庄的名字，它的全称是敖鲁古雅鄂温克族乡。这个村庄借用了一条小河的名称，小河是由居住在这片森林中的鄂温克人命名的。河名是一句鄂温克语，它的意思是‘生长着杨树的河湾’。最初，敖鲁古雅是以猎民定居点标注在地图上的。从1965年敖鲁古雅村的诞生，直至2003年其旧址从地图上消失，她走过了近40年的生命历程。”这一段文字里牵涉到两个时间节点，1965年和2003年，在这两个时间节点之间将近40年的岁月里，敖鲁古雅鄂温克猎民点的具体位置是在大兴安岭西北麓，距一条林区铁路的尽头满归（满归是内蒙古大兴安岭林管局下属之林业局，所辖林区是大兴安岭最晚开发的小林）17千米，全乡面积1086平方千米。2003年以后，敖鲁古雅乡整体搬迁到了今根河市郊。

扫描二维码欣赏
索伦鄂温克民歌《塔日巴之歌》

身穿传统服饰的敖鲁古雅猎民与他们的驯鹿合影。这样的画面在今日的敖乡也不常见了（图/冯训林）

多媒体技术的全新运用和呈现：音（视）频链接为你直观展现民族文化的某个片段。从此，纸质经典不再是一位沉默的朋友。

拓展阅读：与专题相关的名词解释、背景知识、人物小传、田野实录等的延伸阅读，为你构建多维度、多侧面的全息专题文化影像。

专家简介：为你介绍各章撰稿专家的学术背景、学术成就，在作者与读者之间搭建起一座信任之桥，论世需要知人，论著也当知人。

那些经典的桦树皮器物

撰稿专家

波·少布，蒙古族，成吉思汗第三十一代嫡孙，黑龙江省民族研究所研究员。

从事蒙古学研究50多年，共出版专著26部，专著主要有：《黑龙江蒙古部落史》《黑龙江满族》《黑龙江鄂温克族》等。另外，发表学术论文150余篇。

桦树皮剪贴出的各种动物造型，刻画细致，夸张适度（图/庞雷）

鄂温克人用桦树皮制作各种器物。桦树皮被剥下来后，先要进行简单处理，处理后的桦树皮就可以制作各种器物了，常做的有20多种。

鄂温克语称小型浅的器皿为“玛塔”，玛塔有正方形、长方形、圆形、椭圆形、三角形等多种。一些桦树皮圆盒美观适用，也很环保，物品或食品放置其中，安全，放心。鄂温克语称桦皮夏帽为“阿棍”，有圆形、圆锥形，还有方形和前高后低呈岗坡形的，是夏天进山打猎时戴的帽子，特点是轻便、遮阳、挡雨，很适合在山林中戴。

桦皮箱叫“德替克”。这种箱子装衣物既不潮湿也不漏雨，轻便、安全、灵活，搬运也比较容易。桦皮匣子是一种标准量器，每匣子标准为16千克。制作匣子难度最大，必须由有经验的老年人去做。在木制斗传入鄂温克地区之前，鄂温克人就是用桦皮匣子作为入库或买卖的标准单位来称量粮食的。桦皮炕席是鄂温克人室内必备的用品，这种炕席光滑、柔软、有弹性，而且冬暖夏凉。

鄂温克人用各式各样的工具做桦皮器物。他们用刀、剪裁剪桦皮；用针、麻绳、鬃绳、皮绳缝桦皮；用松树油熬制的黏胶黏合桦皮；用铁凿、钉、穿铁板、铁锥等压印桦皮；用刷子、笔、从植物中榨取的各种颜色的染料涂染桦皮。有了这些工具加上熟练的技术，鄂温克人做桦皮器物得心应手。

《黑龙江鄂温克族》

扫描二维码，
阅读专家代表著作的电子版

图片说明：拒绝标签式的大白话图片说明，每一段解读，或长或短，都经撰稿专家反复推敲，发图片画面之所未发，读图时代，仍然需要如此点睛之笔的助力。

代表性论著链接：扫描二维码可阅读该专家代表作，并可进一步在中华民族文化经典学术著作数据库中阅读其他民族文化学术著作。

鄂温克族历史年表

年　代	大　事　记
公元前2000年	根据考古学和民族学材料证明，鄂温克族的祖先居住在外贝加尔湖和贝加尔湖沿岸地区
公元6世纪（544）	东魏武定二年四月，室韦开始派使臣向东魏献方物
公元7世纪	唐朝在鄂温克祖先居住的地方设立幽陵都督府和室韦都督府进行管辖

29— 地理

表格：删繁就简，将大段枯燥的学术性表述华丽转身为一目了然的图表，文明演进的过程、文化现象的罗列，由此变得简洁明了。

额尔古纳的冬天,宁静得仿佛可以听到历史的足音(图/视觉中国)

第1章

额尔古纳河右岸

人文地理

本章主撰稿人：黑龙江省民族研究所特聘研究员　刘玉亮

我国境内的鄂温克族有人口30875人（2010），主要分布在内蒙古自治区和黑龙江省，内蒙古呼伦贝尔市鄂温克族自治旗、陈巴尔虎旗、根河市、莫力达瓦达斡尔族自治旗、鄂伦春自治旗、阿荣旗、扎兰屯市是鄂温克族的主要聚居区域，区域内人口占鄂温克族总人口的85%以上；黑龙江省的讷河、嫩江、甘南等市县有2648人（2015）。

鄂温克族自治旗是鄂温克族最大的聚居区，人口11422人（2013），位于美丽富饶的呼伦贝尔大草原的最东部，总面积为19110平方千米，巴彦托海镇是旗府所在地。

呼伦贝尔市，地处东经115° 31′—126° 04′、北纬47° 05′—53° 20′之间，总面积26.39万平方千米。东北—西南走向的大兴安岭由北至南纵贯了全境。岭北以西是一望无际的呼伦贝尔大草原，草原的东南是大兴安岭的河谷地带。呼伦贝尔草原总面积约为10万平方千米，具体包括了新巴尔虎右旗、新巴尔虎左旗、陈巴尔虎旗、鄂温克旗和海拉尔区、满洲里市及额尔古纳市南部、牙克石市西部。森林、草甸、干旱三种草原地理带由东向西分布，把大自然鬼斧神工的奇观展现了出来。

额尔古纳河以东至嫩江西岸是一片广阔的山林、草原及河谷地域，这就是鄂温克族生活了数百年的美丽家园。大兴安岭和呼伦贝尔大草原是各民族交错聚居的地方，鄂温克族与蒙古、汉、达斡尔、鄂伦春等族人民交错聚居，在中国的北部山林和大草原上创造了一个又一个历史文明。

北方民族的摇篮与中国历史的后院

中国历史上的大多数游牧民族都在呼伦贝尔草原长大并度过了各自的青春时代

翦伯赞先生曾经把呼伦贝尔草原与大兴安岭比喻成中国北方游牧民族的摇篮与中国历史的后院，他在发表于1961年的《内蒙访古》一文中这样写道：“当我们的火车越过大兴安岭进入呼伦贝尔草原时，自然环境就散发出蒙古的气氛。一幅天苍苍、野茫茫的画面出现在我们的面前了。正像大青山把内蒙的西部分成南北两块，大兴安岭这一条从东北伸向西南的广阔的山脉，也把呼伦贝尔草原分割为东西两部。山脉的两麓被无数起伏不大的山谷割开，从山谷中流出来的汩汩溪水，分别灌注着大兴安岭东西的草原，并在东部汇成了嫩江，在西部汇成了海拉尔河。‘海拉尔’是蒙古语，它的意思就是流下来的水。……我第一次看到这样平坦、广阔、空旷的草原，从古以来没有人耕种过的、甚至从来也没有属于任何个人私有过的草原。……呼伦贝尔不仅在现在是内蒙的一个最好的牧区，自古以来就是一个最好的草原。这个草原一直是游牧民族的历史摇篮。出现在中国历史上的大多数游牧民族：鲜卑人、契丹人、女真人、蒙古人都是在这个摇篮里长大的，又都在这里度过

鲜卑、契丹、女真、蒙古……一个个的游牧民族在呼伦贝尔成长，在中国历史的舞台上驰骋（图/吴文杰）

了他们历史上的青春时代。……假如呼伦贝尔草原在中国历史上是一个闹市，那么大兴安岭则是中国历史上的一个幽静的后院。重重叠叠的山岭和覆蔽着这些山岭的万古常青的丛密的原始森林，构成了天然的障壁，把这里和呼伦贝尔草原分开，使居住在这里的人民与世隔绝，在悠久的历史时期中，保持他们传统的古老的生活方式。一直到解放以前，居住在这个森林里的鄂伦春人和鄂温克人还停留在原始社会末期的历史阶段。”

正如翦先生所描述的那样，中国北方三个人口较少民族之一的鄂温克族就生活在大兴安岭东西两麓的茂密森林与广袤草原上，他们在北方游牧民族的摇篮与中国历史的后院里长久地经营着自己的家园。

辽代鱼鳞纹细壶和鎏金马具饰件，可作为呼伦贝尔草原是游牧民族往来驰骋的家园的佐证

大兴安岭的重叠山岭和幽静森林为鄂温克等北方民族营造了一个与世隔绝的生存空间(图/搜图网)

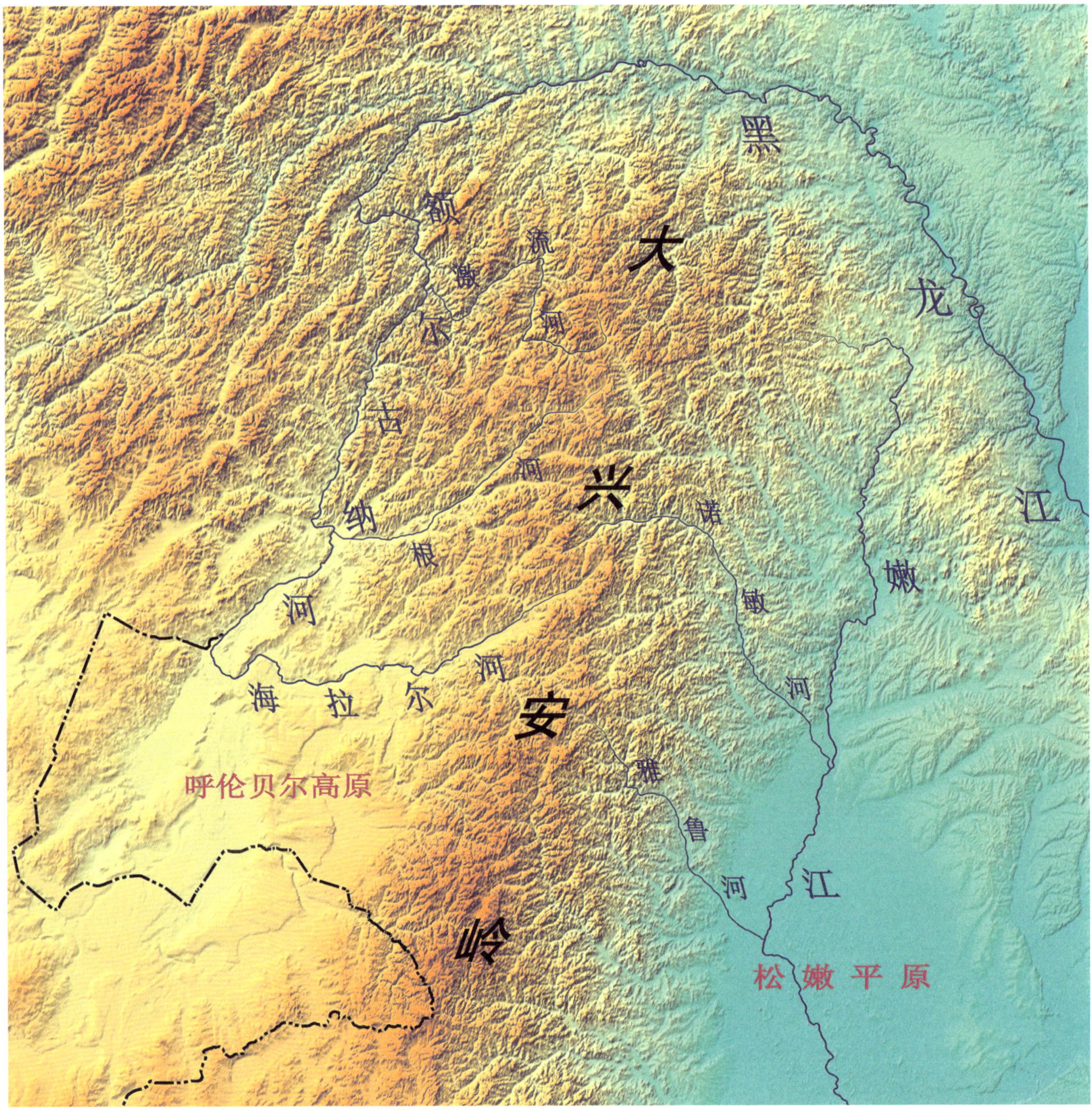

大兴安岭从东北伸向西南，山脉的两麓是无数起伏不大的山谷。从山谷中流出来的溪水，分别灌注着大兴安岭东西的平原和草原，在东部汇成了嫩江，在西部汇成了海拉尔河和额尔古纳河。西起额尔古纳河、东至嫩江这样一片广大的山林、草原及河谷地区，就是鄂温克族的家园。其中，生活在大兴安岭北部激流河流域的是使鹿鄂温克人，分布在大兴安岭以西的呼伦贝尔大草原的鄂温克人以游牧为主，嫩江西岸山谷地区的鄂温克人过着半农半牧的经济生活，而嫩江临河平原地区的鄂温克人则以农业生产为主（绘图/陈丹正）

使鹿部落神秘的密林栖息地

呼伦贝尔市下辖的根河市有一个敖鲁古雅鄂温克族乡，是使鹿鄂温克人的定居点。生活在敖鲁古雅河附近林地中的鄂温克人为这条小河起了这个很有意味的名字，鄂温克语的意思是“生长着杨树的河湾”。自从300多年前赶着驯鹿群告别西伯利亚勒拿河上游的森林，使鹿鄂温克人就辗转来到了额尔古纳河右岸的林地，最终，他们选择这一片约3万平方千米的森林为自己部落永久的生存之地。

敖鲁古雅位于大兴安岭腹地，森林覆盖率80%以上，由森林植被和草原植被组成，以森林植被为主。大兴安岭的这些丘陵、森林和林间草地就是使鹿鄂温克人的家园。森林中的树种主要有兴安落叶松、樟子松、白桦、杨、柳等。落叶松亭亭玉立，也被誉为美人松。白桦树风情万种，是北方森林中最易引发人丰富想象力的树种，成片的白桦林往往会使人产生神秘感，美妙的银色向来被视作神灵的居所，远望白桦林，感觉就是神灵栖息出没的地方。在北方高海拔的山岭上，白桦是唯一可以连片成活的树种，具有顽强的生命力。

鄂温克人古老的树皮帐篷(供图/乌热尔图)

白桦树是北方最能激发人们想象力的树种，树身上那忧郁的“眼睛”引人无限遐想(图/林子)

海拔1530米的奥克里堆山是大兴安岭北部的最高峰，也是使鹿鄂温克部落活动区域里的最高峰，它的名字源于鄂温克语（图/林子）

林中野生动植物种类繁多。黑熊、棕熊是标志性的动物，鄂温克、鄂伦春、赫哲人都把其作为图腾，视为有亲缘关系的神性先祖。东北虎则是山中之王，被鄂温克人赋予神的属性而加以崇拜。驯鹿、驼鹿、野猪、狍子等与鄂温克人的生活息息相关。

使鹿鄂温克人活动区域内海拔1000米以上的山峰有700余座，奥克里堆山海拔1530米，是大兴安岭北部的最高峰。其他山峰都不同程度地低于奥克里堆山，比如，大兴安岭西北部与额尔古纳市交界处的阿拉齐山，海拔1421米，耸立于东南部的平顶山，海拔1451米。大兴安岭的山峰与众不同，山脉绵延平缓，所有山顶都很平坦，高度差异不大，如一片起伏的海洋。从总体地形地势看，使鹿鄂温克人活动区域的地理特点是平缓地面与浑圆形山体的结合，80%以上是坡度15°以内的缓坡，相对高差只有100—300米。远远望去，地势平缓，开阔河谷分布着静静流淌的河流，这样的地理环境为使鹿捕猎者提供了理想的生存空间。

使鹿鄂温克人活动区域内大小河流纵横交错，其中，有37条长度20千米以上、流域面积超过100平方千米的河流。根河，长462千米，流域面积1.58万平方千米，

它沿着地势呈东北—西南流向，出境后则流向西方。此外，激流河、金河、敖鲁古雅河等等大小河流汩汩流淌，使得这一区域内的地表水资源极为丰富且分布均匀，地下水也有极大的储藏，无论地表水还是地下水，水质都极为优良。

使鹿鄂温克人在大兴安岭北麓广阔的区域生活了数百年。这一区域的中心是激流河，其周边分布着阿巴河、乌玛河、阿尔巴吉河、茂河、古浪河、洛乔普河、克波河、大林河、阿马扎尔河等河流。使鹿鄂温克人开辟了这片面积极为广阔的大猎场。除此之外，激流河南部的核心区域，分布着特吉木坎河、上乌鲁吉气河、根河、甘河、金河、色勒木坎河、达乌兽河、额兽根河、阿

身穿传统服饰的敖鲁古雅猎民与他们的驯鹿合影。这样的画面在今日的敖乡也不常见了(图/冯训林)

牙斯卡河、他拉河、得耳布尔河、西卡铃河，这一天然狩猎场南北纵深、东西跨度非常宽广。区域内的所有山脉、河流都是使鹿鄂温克人命名的，比如奥克里堆山、金河、莫尔道嘎、阿龙山、乌玛、牛尔河、满归等，都是鄂温克语的汉文译写，留下了鄂温克族的历史遗迹。

高纬度、极端寒冷是使鹿鄂温克人生活区域的一大特点，根河因而有中国“冷极”之称。这里气温年、日温差都较大，平均气温-5.3° C，最低气温甚至可以达到-49° C；年气温较差高达47.4° C，日较差可以达到20° C。漫漫冰期寒冬达210天以上，令人难以忍受。永冻层覆盖整个区域，有些永冻层就在地面30厘米以下。这种极端的寒冷是该地域外的人难以想象的，人们无法在居室外长时间停留，除非不间断地狩猎或放牧驯鹿。春天的温差极大，夜晚仍很寒冷，只有中午才会感受到依稀的暖意，大自然的绿色星星点点，但树梢和阳坡的淡淡绿色告诉人们——寒冷将渐渐离去；夏季放眼望去满是翠绿，江河湖泡晶莹清澈，空气中弥漫着植物的清香；秋天冷风飕飕，只有五颜六色的五花树叶使人陶醉，但人们知道，这种美丽是短暂的，漫长的冬季又要来临。

冬天的大兴安岭冷到难以忍受却也美到难以消受，皑皑白雪无边无际，林海雪原，素装苍茫，甚为壮丽。远处，依稀可见的村落上空飘浮着袅袅娜娜的炊烟。林海深处，深褐色的林木与冰蓝的天空相映，雪白的山坡上银光闪闪。钻天的松树杨树挂满了剔透的雪晶，如同玉树琼花。冬日阳光普照下的雪原，冰清玉洁。

敖鲁古雅无疑是北方的世外桃源。

激流河及其流域是使鹿鄂温克人主要的活动区域之一(图/林子)

蓝色的额尔古纳河

大兴安岭以西的边境线上，蓝色的额尔古纳河潺潺流淌。

额尔古纳河是一条圣洁的河，神秘的河，很多民族曾经生活、崛起于其流域，她和黄河、长江一样，也是中华民族的摇篮，为缔造祖国的悠久历史和灿烂文化做出了杰出的贡献。鲜卑人、室韦人、蒙古人及其后裔都曾以这条河流为发祥地，先后入主中原。鲜卑人从大兴安岭北段的“嘎仙洞”起步，建立了北魏王朝；蒙古族的祖先室韦人，以“额尔古纳”的密林为起点西迁，进入了鄂嫩河流域的肯特山。17—18世纪，鄂温克猎民远涉千山万水迁到了额尔古纳河右岸大兴安岭的原始森林里，成为了这条河流后来的伙伴，创造和发展了我国民族文化中璀璨的明珠——驯鹿文化。

秋天的根河,美如童话(图/林子)

曾经的木材产地如今已经彻底停伐复育，但森林的大量被砍伐，已经影响了鄂温克人的传统生活方式(图/林子)

发源于蒙古国肯特山东麓的克鲁伦河，由西南向东北流淌，最后注入呼伦湖。呼伦湖水大部分时间直接流入了额尔古纳河。著名的海拉尔河是额尔古纳河的上源，源头在大兴安岭西侧，西流至阿巴该图，折向东北形成的河段开始称“额尔古纳河”。从上源海拉尔河算起，额尔古纳河全长1608.5千米，其中海拉尔河长622千米，称为额尔古纳的河段全长近1000千米。额尔古纳河大部分河段流经宽阔的谷地，植被覆盖率高，因而含沙量很少，河水清澈，犹如一条蓝色的飘带。

额尔古纳河历史上曾被称为望建河，清代开始才被称为“额尔古纳河”。额尔古纳河在额尔古纳市恩和哈达附近与石勒喀河汇合为黑龙江，总流域面积16.1万平方千米，流域内土地肥沃，森林茂密，水草丰美，有着数不清的鱼和禽类。

额尔古纳河右岸是山岭和森林，激流河为其右岸大支流之一，同样发源于大兴安岭，河水清澈透明。流域内的根河湿地被誉为“亚洲最大的湿地”，是中国目前保持原始状态最好、面积最大的湿地。沿根河两岸郁郁葱葱的原始森林绵延120多千米，湿地与森林景色错落，与其他地方迥然不同。

冬天，额尔古纳河两岸，雪晶景观同样令人叹为观止。水汽和低温造就了美丽圣洁的雪晶。凝结于树枝上的雪晶在蓝色的额尔古纳河两岸弯弯曲曲地分布，压弯了树枝，摇曳不停，风过处，白色的雪晶零零散散飘落于树下，雪晶、雪地和蓝色的河水交相辉映，构成了童话般的世界。

自17世纪中叶开始，沙俄政府利用哥萨克侵占了蒙古、鄂伦春、鄂温克等游牧民族在西伯利亚的栖息地，迫使他们中的大部分退回到额尔古纳河右岸的大兴安岭山地以来，鄂温克族的沧桑变化也尽都沉淀在了额尔古纳河静静流淌的河水中。

冷极节上的驯鹿大赛(图/冯训林)

秋草连天，牛羊遍野，这是中国最美的草原(图/林子)

牧区的鄂温克儿童，服饰鲜艳，笑容灿烂(图/黎雷)

中国最美的草原

呼伦贝尔大草原被誉为中国最美的草原，她东起莽莽的大兴安岭西麓，西邻中蒙、中俄漫长的边境线，北抵根河南畔，中蒙边界是其南部边缘。大草原地域辽阔，其中天然草场面积占80%。大草原如碧波荡漾，波澜起伏，坡虽高但平缓，一般海拔为700—1000米，牧草茂密。大草原是自然的宝库，著名的草原白蘑、三河牛、蒙古羊享誉国内外。

鄂温克族自治旗坐落于呼伦贝尔大草原的西北部，地势东南稍高、西北偏低，海拔高度为800—1000米之间。最低处在伊敏河谷地，平均海拔602米。平坦的大草原一望无际，由于河流较少，黑钙土、风砂土之上覆

呼伦贝尔草原赫赫有名的三河牛(图/秦俭)

鄂温克族自治旗地形地貌

鄂温克族自治旗属于中温带大陆性季风气候，冬季漫长寒冷，夏季短暂，春秋两季大风多，气温变化剧烈。鄂温克族自治旗的地理方位，处于大兴安岭西北坡的山地间，是大兴安岭山地向呼伦贝尔平原的过渡地带，全境地势从东南向西北方向逐渐倾斜。全旗的平均海拔适中，高度800—1000米之间，是发展畜牧业的绝佳地理区位。从海拔1400米以上的山地逐渐下降到海拔610米的平原，形成了地理特点鲜明的三种地貌特征，除了西北部为呼伦贝尔南端草原外，东南部是中低山岭组成的山地，多为东北向西南走向，处于1000米以上的海拔高度，最高点达到1707米。中部为低山丘陵组合。鄂温克族自治旗不仅仅有草原和层峦叠嶂的山地、森林，水系也十分丰富，大大小小的河流，滋养着这片富饶、美丽的土地。土壤以黑钙土、风砂土为主，是游牧的好地方。

广阔的呼伦贝尔草原，蹄声杂沓，一个又一个北方民族曾经在这里争雄称豪(图/秦俭)

盖着干草原和禾草甸，这里习惯上被称为呼伦贝尔南端大草原，是放牧牛羊的好地方。呼伦贝尔南端草原分为森林草原带和干草原带，主要饲用植物有38科，176属，414种，其中，优良牧草7科75种，水草丰美，边缘是松涛激荡的大兴安岭林海，分布着纵横交错的河流、星罗棋布的湖泊。

呼伦贝尔草原是内蒙古草原中风光最为绚丽的地方，微风吹拂之下，碧草荡漾，远处的羊群如流云飞絮，飘浮于绿色的海洋上。1300余种植物种类形成了不同特色的植被群落景观。草原上星散着几百个大大小小的湖泊，不可胜数的河流如一张网铺撒开来。辽阔的大草原景象之美令人叹为观止。每逢盛夏，鸟语花香，空气中弥漫着翠草的清香，让人陶醉。星星点点的蒙古包飘起缕缕炊烟，微风吹来，炊烟袅袅，草地与蓝天相接，牛羊相互追逐，牧人策马放歌，中国最美的草原，实至名归。

扫描二维码欣赏
《婚宴歌》

虔敬而谦卑——作为山林之子的鄂温克人

鄂温克族生活的每一个细节都体现出与自然的相适融合

北中国那渐渐远去的鹿群

星散于莽莽林海和无垠草原的鄂温克族，适应了各自不同的自然环境，从事着不同的生产活动，其中，敖鲁古雅使鹿鄂温克人以其独有的饲养驯鹿的生产方式而备受瞩目，被称为使鹿部落。

关于敖鲁古雅，鄂温克族作家乌热尔图在《敖鲁古雅祭》一文里这样写道："这里谈及的敖鲁古雅，是一个村庄的名字，它的全称是敖鲁古雅鄂温克族乡。这个村庄借用了一条小河的名称，小河是由居住在这片森林中的鄂温克人命名的。河名是一句鄂温克语，它的意思是'生长着杨树的河湾'。最初，敖鲁古雅是以猎民定居点标注在地图上的。从1965年敖鲁古雅村的诞生，直至2003年其旧址从地图上消失，她走过了近40年的生命历程。"这一段文字里牵涉到两个时间节点，1965年和2003年，在这两个时间节点之间将近40年的岁月里，敖鲁古雅鄂温克猎民点的具体位置是在大兴安岭西北麓，距一条林区铁路的尽头满归（满归是内蒙古大兴安岭林管局下属之林业局，所辖林区是大兴安岭最晚开发的林场）17千米，全乡面积1086平方千米。2003年以后，敖鲁古雅乡整体搬迁到了今根河市郊。

大名鼎鼎的鄂温克老人玛丽亚·索曾这样评价敖鲁古雅："要说那几个地方（指使鹿部落曾经搬迁过的几个定居点——编者注），还是敖鲁古雅好，村子周围的林子没被破坏，村边的河里还有鱼，那里的风也不大，烧火也能找到木柴。"玛丽亚·索表达了森林、原生态的环境对使鹿鄂温克人的重要性。

驯鹿适宜于有苔原的寒带生活，环北极圈是其最佳活动区域。所以，驯鹿主要分布于北纬48°以北的陆地和岛屿，总数近500万头，野生与驯化之比为7:13。分布在我国的驯鹿数量很少，生活在大兴安岭西北坡的密林中，是世界上分布最靠南的驯鹿种群。使鹿鄂温克人仍以传统的方式饲养驯鹿，在山林中自然散放，驯鹿自由自在地在林中循着苔原的分布游荡觅食，悠闲自得。当然，使鹿鄂温克人也需要不时地将鹿群撵回住地。

驯鹿是温顺可爱的动物。在鹿科动物中，只有驯鹿雌、雄均生犄角。在中国，只有敖鲁古雅的鄂温克人饲养驯鹿。石蕊是驯鹿的主食，属地衣类植物，使鹿鄂温克人称

剽悍的鄂温克汉子

"驯鹿苔藓",其他鄂温克人称"恩靠"。另有一种生长在松树、桦树、倒木上的藓苔类植物,也是驯鹿的食物,鄂温克人称它为"来为特"。驯鹿很聪明,自己就会找到苔藓生长的地方。除了吃苔藓外,春天还吃些嫩青草、草间荆、踏头棉花莎草、白头翁等;夏天吃桦树叶、柳树嫩叶和青草;秋天吃蘑菇、树叶;冬天吃桦树条等。在平时每天都要喂些食盐,食盐是驯鹿体内不可缺少的。"驯鹿苔藓"分布在森林中自然状态的湿润山谷及地势较高的河源地带,它生长周期长,分布非常广泛。苔原森林区具有湿地和沼泽森林的地貌特色。苔藓类植物系多年生,因此,驯鹿的生活地必须经常迁移,种群的繁衍也需要相对广阔的空间。为此,数百年来,使鹿鄂温克人在大兴安岭北麓拓展了极为广阔的活动空间。当2003年敖鲁古雅鄂温克族乡搬迁到根河市郊后,玛丽亚·索老人不禁连连问道:"在城市边上能有'恩靠'吗?没有'恩靠'驯鹿能活几天?"事实上,驯鹿根本离不开林子,倒是离人群越远越好。

当代使鹿鄂温克的标志性人物玛丽亚·索老人(图/林子)

鄂温克人究竟于何时开始饲养驯鹿,迄今还是个谜。大概当他们还生活在勒拿河流域时,就已经开始了与野生驯鹿的接触和对野生驯鹿的驯化工作,距今,也有1000多年了。我国的驯鹿是使鹿鄂温克人在清顺治年间由俄罗斯勒拿河、维季姆河流域迁往黑龙江南畔境内时带来的。有清一代,使鹿鄂温克人的驯鹿发展至上千头。1924年,兴安岭大雪封山,驯鹿吃不到食物,大量死亡。到1938年时只剩下853头,此后,驯鹿数量仍呈逐年递减的趋势,直到20世纪60年代,数量才开始恢复增长,80年代初,驯鹿数量近1100头。

驯鹿是使鹿鄂温克人的交通工具,迁徙营地时,连成一队的驯鹿是主要帮手,是营地里的老人和孩子们最好的坐骑。驯鹿也是以狩猎为生的使鹿鄂温克人亲密的伙伴,与猎犬同样重要。鄂温克猎手牵着驯鹿在森林里游猎的情景,反映出人鹿间的默契和相互依赖。爬雪山、穿密林、渡沼泽,全仰仗驯鹿。马不能穿过的森林,驯鹿可以自由出入;车不能上去的高山,驯鹿轻而易举就能登顶;雪橇不能渡过的沼泽地,驯鹿可以不费力地走过。所以,鄂温克猎民都乘驯鹿进山打猎,猎物,靠驯鹿驮在背上运回遥远的营地。大驯鹿可载重50千克,一般驯鹿能载重40千克。夏季可日行10多千米,冬季可日行20多千米。在1米深的雪地中竟然也可以照常行走。

鹿哨

农历的八月末到九月末是鹿的交尾期,这时雄鹿到处寻找雌鹿,猎人根据鹿的这一习性,利用木质的鹿哨,夜间在有鹿的地方模拟吹出雌鹿的叫声(猎人从小都会吹这种东西)。雄鹿听见声音就来了,常常是傻愣愣地直接闯到猎人的跟前。但是,如果这时还是让雄鹿跑了,它再听见这种声音,就不来了,即便再来也是一面听一面慢慢来,甚至它听见响声就转到下风去,嗅一嗅什么味,这时有经验的猎手,就转到下风去找它。

猎民何协在吹鹿哨(图/卢青山)

满归一带，曾经留下使鹿鄂温克人的足迹（图/林子）

漫步林中的驯鹿群。它们渐渐远去的背影却正慢慢走进越来越多人的视野(图/卢青山)

上图:猎民的孩子,很小就会挤驯鹿奶(图/卢青山)
右图:晾晒驯鹿肉干(图/龚宇)

驯鹿还是鄂温克人的衣食之源——猎人捕猎收获极不稳定,驯鹿肉便成了他们必要的食物补充。驯鹿肉质鲜嫩,比一般野兽肉好吃。一头驯鹿平均产肉30千克。但猎民不到万不得已,不会宰杀自己畜养的驯鹿。驯鹿产仔后就可以挤奶了,驯鹿奶是使鹿鄂温克人日常最好的饮品,饮之可以摄取到大量的维生素和蛋白质,有助于补充人体必需的营养。驯鹿皮可做衣、靴、褥等生活用品。驯鹿茸可以入药。驯鹿一年脱一次角,然后再长新角。每年锯茸角的时间是从农历三月份长出新茸角开始计算,在70—90天的生长阶段中皆可,这个时期的茸角产量高、质量好。驯鹿茸与马鹿茸一样具有强身健脑的作用。每只驯鹿每年产干茸约400克。除鹿茸外,驯鹿的鞭、尾、血、筋等都有药用价值。

需要说明的是,千百年来,狩猎一直是使鹿鄂温克人的主要生产方式,驯鹿饲养,在很长时间里都是作为对狩猎生活的补充而存在的。但近几十年来,这片静谧的山林不再是世外桃源。森林一度被砍伐殆尽,无处不在的偷猎者肆意妄为,与自然为敌,无辜的动物遭到无情的杀戮。使鹿鄂温克人不仅失去了维系其传统生活的基本条件,而且其心灵深处最为依恋的驯鹿的饲养也受到威胁。失去了驯鹿,就失去了使鹿鄂温克人的精神之根,其独特的文化也就失去了依存的土壤。特别是随着森林的开发,城镇及交通的兴建发达,驯鹿的活动范围逐渐由南往北缩小。鄂温克猎民们说:"大兴安岭的开发,破坏了生态,驯鹿无所食无所居,它们必然要减少,我们也将改变生活方式。"

大兴安岭还适合不适合驯鹿生存?什么样的大兴安岭适合驯鹿生存?这是使鹿鄂温克人无力回答的两个问题。

冬天，去林中找寻驯鹿是一件非常辛苦的工作(图/孙志江)

森林之舟

驯鹿曾是敖鲁古雅使鹿鄂温克人主要的运输和代步工具，被誉为“森林之舟”。因为长着鹿角、牛蹄、马耳、驴身，所以驯鹿也被称为“四不像”。驯鹿原本是野生动物，鄂温克人称“索格召”。传说很早以前，有8位鄂温克猎人在狩猎时抓住了6只索格召崽，他们把6只小索格召带回家后，搭了一个木栏圈，把索格召崽放入圈中，用苔藓喂养。后来索格召不断繁殖，成了今天鄂温克人驯养的驯鹿。为区别于野生的索格召，鄂温克人将人工驯养的驯鹿称为“鄂伦”。

驯鹿性情温顺，喜欢群居，又有必须食盐的习性。鄂温克人利用驯鹿这一习性，形成了唤回驯鹿的办法。如夏天只要拢烟，驯鹿从远处看见烟便会赶回营地；一听到敲盐袋的声音，驯鹿也会赶回来争舔食盐，以补充盐分。

雌驯鹿的妊娠期为8个月左右，每年农历五月产仔。驯鹿的寿命只有约20岁，个别的也有活到20岁以上的。雌鹿一般14岁前有繁殖能力。1头雄鹿可带25—30头母鹿。仔鹿出生4小时后就能行走，7天左右长出茸

巴拉杰依老人因为生病在山下住了一段时间，驯鹿似乎不太认识她，很警惕的样子（图/龚宇）

盛放在桦树皮篓子里的驯鹿苔藓（图/田甜）

用来拴套驯鹿的驯鹿笼头，有些上面还会有家族独特的花纹符号（图/庞雷）

角，哺乳期为5个半月至6个月。驯鹿的成活率很高，可达80%。

驯鹿的毛色分为4种：灰褐色、灰黑色、白色和花色。前两种颜色的最多，可达86.7%，白色占8.2%，花色占4.2%，还有极少数其他颜色的。驯鹿长到2—3岁时就要阉割，一般在8月末膘好的季节进行。阉割时首先把驯鹿放倒，把阴囊用布包好，然后用牙将睾丸咬碎即可。也有的将阴囊用布包好后，拿木棒将睾丸砸碎。鄂温克人把驯鹿视为自己的朋友，也看作是生活的依赖。

驯鹿每天都要吃掉大量苔藓，因而需要频繁的迁徙。鄂温克猎民经常在密林中迁徙，夏天和秋天在一处最多住10天，冬天狩猎期间2—3天就要搬一次家。通常性情温顺的驯鹿用来驮人，性烈的驯鹿用来驮物。迁徙时一户接一户，年轻妇女牵着驮物的驯鹿走在队伍的前面，后面是骑在驯鹿上的老人，两侧是驱赶驯鹿的大人和孩子。驯鹿是使鹿鄂温克人的朋友和帮手，是使鹿鄂温克人移动的财富和美好愿望的寄托。

与自然的无缝链接

兴安岭的莽莽林海和呼伦贝尔的浩浩草原，如果少了鄂温克人的点缀，无疑会是一种遗憾。自然和人类实在不可分割，兴安岭与鄂温克人融合得如此天衣无缝，如此完美，彼此那么幸运地拥有了对方。

鄂温克族与自然的相适融合体现在衣食住行的每一个细节上。很长一段时间里，他们以纯天然的兽皮或桦树皮为材料来制作衣物，遮体御寒。各色果实和花朵的汁液，可以用来染色，既环保又不会褪色。同北方的其他狩猎民族一样，他们喝桦树汁和蓝莓等野果汁，营养价值自然很高，而且还能治病，比如蓝莓对眼睛有保护作用。为了动物的繁衍，他们对捕猎时间有严格的限制，譬如对于主要猎获物松鼠，规定入冬到翌年2月是捕猎期，其他时段一律不捕杀。牧区的鄂温克人把这种理念保留下来，他们禁忌宰杀未停奶的母牛、母羊等动物。桦树皮桶、盒子、摇篮等，以及桦树皮船的制作，在物质匮乏、生产力低下的时代，体现了依顺自然就地取材的智慧。他们还对日常生活中朝夕相处的种种自然景物、现象，譬如天上的流云、地上的密林、林中的走兽等等加以提炼、抽象，形成了云卷纹及各种动植物纹样装饰于领、袖、衣身，在纯天然的材质上，融入了自己朴素的审美理想，展示的依然是与自然共融共生的思想。

长期游猎在深山密林中的鄂温克人，其居所被称为“斜仁柱”，这是一种简易的临时性帐篷，高3米多，直径近4米，大多呈圆锥体。这类帐篷由支架和顶部苫盖物两部分组成，支架包括3根主柱和搭在主柱间隔上的许多辅助柱，材料即为就地砍取的落叶松杆子。

由芬兰贝利集团承担建筑设计的敖鲁古雅鄂温克族乡，位于根河市郊，现在是使鹿鄂温克人的集中定居点。但是，因为饲养驯鹿的关系，不少鄂温克人还是会回到山上的猎民点(图/冯训林)

鄂温克族的主要生产方式

由于地理条件不同，各个地区鄂温克人的生产方式是有所不同的。除了饲养驯鹿，世代从事游猎生产的敖鲁古雅使鹿鄂温克人，分布于鄂温克族自治旗和陈巴尔虎旗等地的鄂温克族，他们置身于美丽的呼伦贝尔大草原，长期过着逐水草而居的游牧生活；扎兰屯市、阿荣旗及莫力达瓦达斡尔族自治旗的鄂温克人，在山谷地区从事季节性的狩猎活动，并且还从事着半农半牧的生产；黑龙江省讷河市、嫩江县的鄂温克人，居住于临河平原地区，和汉族、达斡尔族等民族交错杂居，很早以前就掌握了先进的农业生产技术，使用较先进的农具，农业经济一直较为发达，住上了草房和砖瓦房，与狩猎生活渐行渐远。

木架上用桦树皮做苫盖，宽约1米，长3米多，一般一个斜仁柱要用7块桦树皮盖。下部围子所使用的材料因季节而有不同，夏、秋用布围子，冬季用犴皮围子。围子的一端，系在门左侧的柱子上，另一端围到门的右柱，散着头，掀起来即为出入的门。门开向日出的方向。据说只有冬天最冷时，才改用犴皮围子，时间是从11月末到下一年的3月中旬。很明显，"斜仁柱"的所有材料都来自山林中大自然的赐予，它的好搭易拆，也是适应了鄂温克人居无定所的游猎生活的需要，某种程度上更是适应了自然之神对鄂温克人的召唤。鄂温克人的"斜仁柱"通常搭建于大河的支流附近有平地、有密林的地方，不太远处有适合出猎的林子，周围最好是群山环抱，这样冬天有山林挡风，夏天特别凉爽，

猎民点中的斜仁柱。这种古老的建筑样式，曾经伴随了一代代鄂温克人的林中生活（图/田甜）

用桦树皮器具盛着迎宾酒待客，别有一种韵致（图/苏伟伟）

对生产有利，对健康也好。这种长期积累的选址经验，体现了鄂温克人对于自然的遵从与巧加利用，他们将生产、生活、环境和谐有机地加以整合，达到了朴素的天人合一、同一相生的境界。

山是主人人是客

乌热尔图在《敖鲁古雅祭》中这样讲述本民族与自然的关系："鄂温克人生活在大自然的怀抱中，确立了一种依附与顺从大自然的生存姿态，他们对大自然深怀敬畏。……一句话，森林里的鄂温克人长期以来以一种最低需求的生存方式与大自然和谐共处，遵从了森林里周而复始的自然节律。"

从鄂温克人的日常生产、生活和文化行为上看，乌热尔图的这一段叙述大体是客观真实的。尽管狩猎的收获极不稳定，但是鄂温克猎民对正在交配或是处于怀孕、哺乳期中的野兽及其幼崽概不捕杀。对动物如此，对森林、土地、草场同样如此。猎民们在林中行猎时，只烧那些枯死的树枝、被雷电击倒或被狂风刮倒的树木，而绝不许人为破坏正

秋天的大兴安岭有着油画般的色彩（图/林子）

左上图：斜仁柱里的玛丽亚·索一家，其乐融融（图/白兰）

左下图：靠老宝，是一种建在野外的高脚仓库，里面储存有肉干、粮食、烟、盐和皮衣、鹿鞍、桦树皮用品等。它通常离营地很远，搬迁时也不拆除。过路的猎人或行人用品短缺了可以去拿，日后可还，也可不还（图/孙志江）

常生长的树木，哪怕是随意的折枝都很少发生，更别说肆意砍伐了。因为他们深知森林、野兽都是他们的衣食之源，只有有序利用、精心呵护，他们的族群才能得以永续生存和发展。以畜牧和农耕为生的鄂温克人，多采取轮歇游耕的生产方式，来保持土壤肥力，达到合理利用土地的目的，他们规定“若盐碱地则用休闲法，每年耕作一次，休闲一分，若实行轮作法，常三年轮作一次”；辉河流域的索伦鄂温克人对牧场的使用有着严格的约定，只许在划定的草原内放牧，越界游牧是被严禁的。这种顺从自然的生态观，保护了草资源和生态环境，对于过度使用草原的行为起到了很好的约束作用。

尤其值得一提的是鄂温克猎民突出的森林防火意识，据说，他们在林中不吸纸烟，只抽烟袋杆儿，因为烟袋杆儿只要一小会儿不吸，自己就灭了，不至于留下隐患。乌热尔图在《敖鲁古雅祭》中说：“早在20世纪50年代，18岁以上的男性鄂温克族猎民被林业部门列入护林员行列，国家每月予以适当的津贴补助。鄂温克族猎民很快认识到护林防火是一个神圣的职责，是保护家园、维护自身利益的重要行动。他们将一年春秋两季的‘猎民大会’，更名为‘防火大会’，每

与鄂温克族同属于北方民族的赫哲人的鱼皮熊图腾，展现了两个民族某种文化上的共性（图/引自叶舒宪所著《熊图腾》）

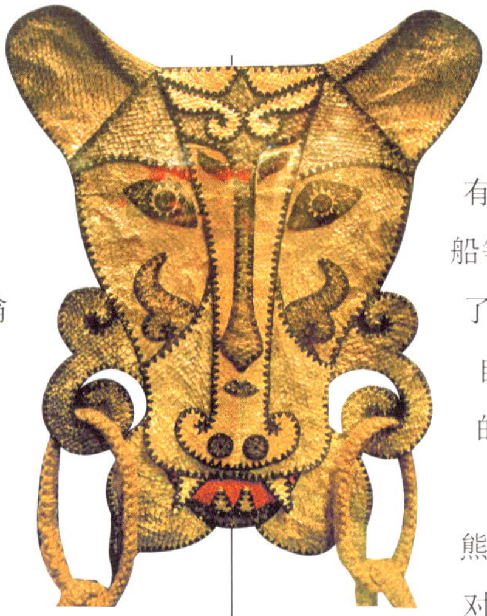

个鄂温克人都以大兴安岭林区主人翁的意识，确立了‘防火第一’的信念。鄂温克族猎人成了森林中防火第一线的哨兵，一旦发现某处山岭出现雷击火或自燃的火苗，猎人日夜兼程下山报告，紧随其后的是进山扑火的大军，鄂温克族猎人当然是无可替代的向导，常常走在大队人马的最前端。鄂温克猎人老马嘎拉、杰士克、瓦尼、西苗等人，曾单独率领整团建制的扑火部队一次又一次地迂回在密林中。老马嘎拉、杰士克也因此在大兴安岭林区享有远近闻名的‘活地图’的美称。鄂温克人保护森林、维护家园的历史功绩不可磨灭！”

历史上的鄂温克族是游猎群体，不需要大量的物资积累，当然对金钱的需求也不是很强烈，俭朴也就成为一种约定俗成的生活理念。对于这种理念的遵从，既出于自觉，也有赖规约和禁忌的力量进行控制。还有一种说法，作为游猎民族，不断的迁徙和流动的生产是经常发生的，因此，过多的物资只能成为累赘，也是完全没有必要的。驯鹿、马匹、雪橇、桦树皮船等简易而适用的运输工具，也承载不了太多的物质财富。因而，顺应、尊重自然就成为鄂温克族传统文化价值观的核心。

通古斯人的熊崇拜：黑龙江阿城金上京博物馆藏熊铜镜（图/引自叶舒宪所著《熊图腾》）

乌热尔图认为，鄂温克猎人对待熊的态度，比较典型地反映出他们面对大自然时所采取的虔诚、谦卑、真诚的态度。他写道：“鄂温克人猎熊的目的是明确的，因为熊身上那层厚厚的脂肪是无可替代的越冬食品，足以让整个营地的人填饱肚子，在严冬中御寒。所以说，那是一项重要的狩猎活动，常常关系

从细节看鄂温克猎民的生态伦理

鄂温克猎人每逢初七、十七、二十七严禁外出狩猎；每年农历二月初二龙抬头日，经过严寒的大自然就要进入春季，大地复苏，万物充满了活力，这一天也禁止狩猎；

鄂温克人搬迁营地时，一定会把火塘和建“斜仁柱”时挖的坑用土填平，将垃圾集中在一起深埋，体现出对大自然的热爱；

捕猎到鹿、狍子等野兽后，一定要清理掉残留在地上的血迹或污物，否则将被视为不道德行为；

绝对不许在神树下大小便，同样禁止在碱场附近丢烟头、弹壳及其他废弃物；

鄂温克人对植物也非常爱护，剥桦树皮时不会破坏树干，尤其不能伤到树干的嫩皮；

鄂温克人严禁往火堆里泼水、吐痰或扔脏东西，尤其在猎场宿营地更是如此，以表示对火神、山神等的敬畏；

鄂温克人保持了勤俭的民风，吃剩的鲜奶、奶油、奶酒等不能轻易扔掉或者随意泼洒，怕会因此受到神灵的追究而倒霉。

《明史》中被称为“北山野人女真”的楚科奇人同样信仰万物有灵。图为披熊皮的楚克奇萨满祭祀（图/引自叶舒宪所著《熊图腾》）

鄂温克人对熊的风葬（图/引自叶舒宪所著《熊图腾》）

到一个营地的人能否熬过寒冬。”“猎人对熊怀有一种矛盾的心理。在鄂温克人心中熊是威猛的，他们因此而心怀敬畏。同时，为了生计又不得已而猎杀它。如何摆脱这种相互矛盾的心理状态，鄂温克人进行了多方面的尝试。”这种尝试表现为他们在精神层面赋予了熊与人对等的位置，又通过一整套古老的习俗，来试图消解自己食熊肉、吮熊脂的内心苦痛和畏惧。譬如，“把割熊肉的猎刀不叫猎刀，而叫‘刻尔根基’（什么也切不断的钝物）；打死熊的猎枪，不称其为枪，而叫‘呼翁基’，是一件吹奏器（打不死任何野兽的工具）；打死熊后，不说打死了熊，而是说‘熊睡着了’，并且要说‘不是鄂温克人打死了你，是俄国人打死了你!’另外，煮熟的熊肉一定要大家坐在一起吃，吃熊肉前要学着乌鸦‘嘎!嘎!’地叫。对于熊的遗骸也要认真地安葬，安葬方式与鄂温克人古老的葬俗相类同，就是将其遗骸悬挂在两棵大树之间进行风葬”。

从猎熊这样一个细节可以看出，“鄂温克人在内心赋予野兽几乎与人等同的尊贵地位。与其相伴的是那一随时随地显现的内在冲突(敬畏之心与恐惧感)，实际上起到了自我限制的作用，以一种内在的力量克制猎手滥杀野兽的欲望，从而维护了自己的衣食之源，使其种群保持自然繁衍的平稳节律。千百年来，鄂温克人就是在这样的基点上创造了自己的森林狩猎文化，以这样的行为方式保持了与外在自然的平衡与协调”。

如果说一些民族有太悠久的历史的话，那么鄂温克人有太丰富的地理。辽阔的游猎地、伸延不尽的苍穹、稀少的人口、生存与环境的相互依赖、人与自然的关系是这片山林里永恒的议题。这个特定的题目孕育了鄂温克人的思想意识、文化内涵与生命价值观。他们借助族规民约、禁忌以及神灵惩罚等形式，恰当地调适了自身与自然的关系，交出了一份至今仍不乏借鉴意义的答卷。

猎民居所“斜仁柱”

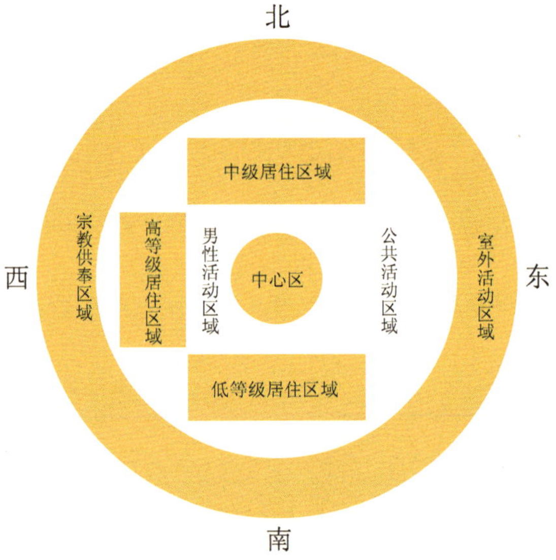

斜仁柱示意图

“斜仁柱”一意为“杆子支起来的房子”，又意为“阳光照耀的房子”。这是非常适合山林里游猎生活的住屋，是一种墙顶一体的最早的房屋形制。住屋顶部留一孔，阳光可以从顶端照射进来。室内对着门的是“玛鲁”神的位置，这个铺位叫玛鲁。铺位鄂温克语称“奥若”。玛鲁铺位供老人和未成年的孩子住。中间是火位，从门伸向火位一横杆，叫“哈那杆”，男子住火位以北，女子住火位以南，一般女子不许到火位以北，主妇和未满15岁的女孩子，可到“玛鲁”附近，但须取同一路线回来，即由哪里去，就从哪里回来，不许从这边去，由那边回来。妇女临产时不能住在供有“玛鲁”神的家里，要搭临时“斜仁柱”当产房，产房的标志是主杆突出于屋顶之上，产房内设一横杆，生产时可以手把横杆以便蹲着生孩子。

通常在“斜仁柱”内的火位做饭，或挂壶烧水，但不能让吊锅和壶前后左右摇动。火位上的火一般是不熄灭的，除非搬迁。搬迁时先熄了火，然后把“斜仁柱”上的覆盖物收起来捆扎好，驮在鹿背上带走。“斜仁柱”的支架就留在那儿，不能随便拆除。

鄂温克族的传统聚落虽然只有若干个“斜仁柱”分布其间，但是这些建筑之间的排布也具有一定的规律性。它们具有统一的朝向，“斜仁柱”入口一般朝向东方；建筑之间具有固定的位置关系，多个“斜仁柱”搭建在一起时，必须由南至北一字排开，不允许围成圆圈或其他形式；建筑的间距也与一般的村落有所区别，距离非常大，一般保持在50米左右。

鄂温克族聚落的外部空间由两个层次组成。第一个层次是由围绕在“斜仁柱”外侧的一圈木栅栏限定的特殊院落。这种木栅栏是鄂温克族特有的围墙，由木杆横向固定在立柱上交错围合而成，距离“斜仁柱”底边不到1米，边界多呈五边形或六边形。栅栏的空间限定性较弱，木杆与木杆在竖向上的间距为30—40厘米，视觉通透性很强，它的作用只是在“斜仁柱”周围形成了一圈靠近建筑的活动范围。主要用来防止驯鹿进入“斜仁柱”内或破坏“斜仁柱”。但它限定出的空间也成为由建筑内部到外部自然空间的过渡元素，是建筑室内空间的延伸。鄂温克人会在这部分区域内存储一些日常用品，在天气条件较好的情况下，这里也是他们进行餐饮、加工皮子、制作桦树皮制品等活动的区域。外部空间的第二个层次是木栅栏之外的自然空间，这部分空间没有任何人工的限定要素，是鄂温克人自由活动的场所。但是在

斜仁柱（图/田甜）

这部分自然空间中也要分为两个区域。这两个区域由从南到北排成一列的“斜仁柱”组成的中轴线划分开。人们的活动范围仅限于“斜仁柱”的前方，任何人不允许到斜仁柱的后面去，否则就被认为是不吉利的。而“斜仁柱”前方的广阔树林则是鄂温克人举行集体活动、圈养驯鹿的场所。

鄂温克族的传统聚落虽然是一种临时性的居住形式，从空间构成的角度来讲，限定要素较少，各种空间的区分性也较差。但是它的外部空间已经有基本的内外区分，并且还形成简单的过渡空间，同时它也表现出与我国一般村落的明显区别。第一，它具有单一的方向性。由于建筑总数较少，自然环境提供的建造空间相当宽敞，所以，聚落中的建筑按照单一的线性排列，并且每座建筑都朝向同一个方向。第二，它具有明确的禁止活动范围。虽然没有明确的标志，但是这个由“斜仁柱”中心连线形成的轴线却一直存在于鄂温克人的日常生活中，成为一种隐形的限定要素，明确地在自然环境中区分出禁止活动的范围。

鄂温克族传统建筑的竖向空间围合界面具有独特的动态性。普通的建筑竖向界面的形成，只是在墙体平面的基础上竖向拉伸形成竖向界面完全垂直于地面，而“斜仁柱”竖向界面是由一根根木杆从地面升起汇聚于顶端的中心而形成，其中作为界面结构构架的木杆排列极具韵律，使竖向空间界面表现出丰富的动态特征。

鄂温克族传统居住建筑空间按照行为活动可以分为以下8个区域：室外活动区域、公共活动区域、男性活动区域、低等级居住区域、中级居住区域、高等级居住区域、宗教供奉区域、中心区。室外活动区域是由距建筑底边1米左右的栅栏围合出的环形室外空间，处于整个建筑空间组合的最外围，是建筑与自然环境之间的过渡区。公共活动区域是室内火塘外侧的空间区域，这个部分是室内的主要交通空间，所有的家庭成员都可以经由这个空间去属于自己的铺位，是与室外空间衔接的部分。男性活动区域位于火塘的内侧，女性在室内的活动仅限于公共活动区域，不能够越过火塘进入到这个区域，它是室内较高等级的活动区域。建筑内有三个铺位作为家庭成员的居住区域，这三个铺位在等级上也有所区别。西侧朝东面正对着门的铺位被鄂温克人称为玛鲁位，是最为尊贵的铺位，只有家族中最年长的男性或家族长才能够居住，是室内的高等级居住区域。进门右侧的铺位供家庭中长辈居住，其等级仅次于玛鲁位，是室内的中级居住区域。进门左侧的铺位供家庭中子女居住，是室内的低等级居住区域。在玛鲁位的正上方是建筑内部的宗教供奉区域，鄂温克人将他们的祖先神——舍卧克神所喜欢的12件神物都装在皮口袋里悬挂于此。建筑中的中心区位于室内圆形平面的中心点，用来安放被鄂温克人视为神灵的火塘，不允许任何人从火塘上方越过，这个区域在建筑中具有非常神圣的地位。由上可以看出，鄂温克族看似简单的建筑空间中包含了丰富的活动区域，而且这些活动范围之间还有着固定的位置关系与等级区别，这种固定的位置关系与等级区别形成了鄂温克族传统建筑空间中的深层组织秩序原型。

（本文改编自周立军、陈伯超、张成龙、孙清军、金虹所著《中国民居建筑丛书·东北民居》之“鄂温克族聚落”部分）

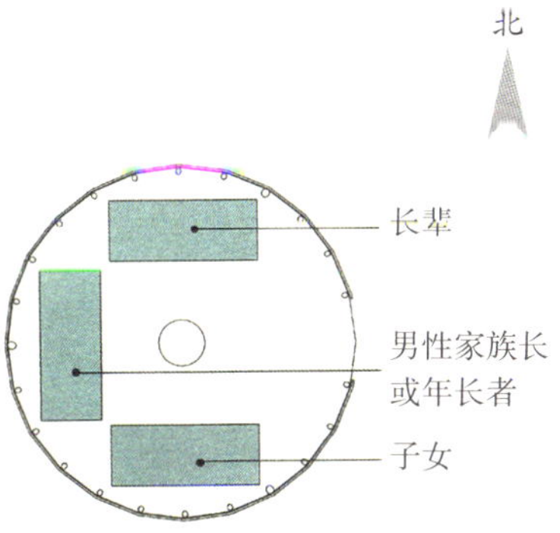

斜仁柱中的家庭成员席位

鄂温克族斜仁柱的建筑构成示意图

无肉不成席

文/朝克

有奶有肉，有滋有味

鄂温克族饮食，根据不同的自然环境和生存条件以及地域关系，呈现出一系列区别性特征，农区、林区、牧区饮食的结构、内容、习惯都有所不同，创造出了我国东北寒温带地区独具风格的饮食文化。

奶食、肉食，以及野生果实和蔬菜是鄂温克族主要的食材，它们或多或少关联着鄂温克族生产活动。比如说，生活在草原上，从事畜牧业经济的鄂温克族多以奶茶、奶食品、手抓肉及各种面食为主要饮食；生活在农区，从事农业经济的鄂温克族则以红茶、炒菜、米饭及各种炖菜、猪肉和鸡鸭鹅肉蛋为主；而生活在兴安岭的深山老林里，从事山林自然牧养驯鹿的鄂温克族饮食就以喝驯鹿奶茶，吃驯鹿肉，食用各种山野菜和山蘑菇、自制面包为主。

从饮食分类学的角度讲，鄂温克族是一个地道的食肉类民族。他们在日常饮食中以肉类为主，甚至有的时候一天三餐都离不开肉，例如，早餐喝肉奶茶，中午吃肉面条或肉粥，晚上吃手抓肉。他们除了吃熟肉，还要吃一些生肉。

经营畜牧业经济的鄂温克族，奶制品种类繁多，各具味道。与他们的饮食生活形影不离的有奶皮子、白奶油、黄奶油、奶渣子、酸牛奶、酸奶酪、奶皮子、奶酒等（图/常胜杰）

浓香纯正手抓肉

鄂温克人爱吃手抓肉，他们用纯净水煮肉，等肉煮到九成熟时从锅里拿出来食用。他们认为，九成熟的手抓肉营养最丰富，吃起来也特别柔软、醇香。他们吃的手抓肉主要是羊肉和牛肉，另外牧养驯鹿的鄂温克人吃驯鹿肉手抓肉。生活在农村，从事农业生产的鄂温克人也吃猪肉手抓肉。草原鄂温克族在用清水煮手抓肉时，还有把土豆同肉一起煮着吃的习惯，同肉一起煮熟的土豆，渗透着浓浓的肉香味。

鄂温克族人吃手抓羊肉时，对于羊肉与内脏的吃法有不同讲究。比如，羊腿、羊胸脯、羊肋条等带骨头的肉用来做手抓肉。羊的内脏做血肠、肥肠、肉肠、卷肠、内脏馅肠等食用。这也是招待宾客的一道菜。在鄂温克人看来，吃手抓羊肉时若是没有血肠等附属性的肉食就不完美。为了

牧区鄂温克族的一日三餐都离不开奶茶。熬奶茶时，主要使用白水、新鲜牛奶、红砖茶、稷子米或小米、食盐等原料。熬奶茶的锅必须是铁制的，并要有一定的厚度，这样的铁锅熬出来的奶茶，才有真正的草原奶茶的味道。盛奶茶的桶子几乎都是乳白色的圆柱形瓷桶，大小不一，据说用这种器具盛奶茶能够长久保持奶茶的香味（图/黎霞）

老人们喜欢吃完手抓肉再喝上几碗热腾腾、香喷喷的肉汤（图/庞雷）

吃上一顿纯粹的草原手抓肉，他们杀完羊后首先将羊肉和羊内脏分离开。其次把要煮着吃的带骨头的羊肉剔出来，紧接着将羊的小肠、大肠和胃都洗得干干净净。在羊的大小肠里，灌入用食盐、各种调味料、葱花等调配好的新鲜羊血制成羊血肠；在胃里，灌入用食盐等各种调味料、切成碎块的羊心、羊肝、羊肺子和切碎的葱花等调配好的馅子制成羊内脏馅胃；在羊的大肠里，放入带肥肉的羊肉制成羊肥肠。把用带有肥肉的细长条羊肉及羊的胃切成长条，再用羊的又细又长的小肠紧紧地包扎几圈的羊肠叫做羊卷肠或羊花肠。鄂温克人常常将这种羊肠同骨头肉一道煮着吃，那才是真正意义上的草原手抓羊肉。那些跟羊骨头肉一起煮的羊肠更好吃。煮血肠时，一定要注意时间和掌握好火候：煮的时间过长，血肠吃起来苦涩而干硬，吃不出美味；时间太短，羊肠里的血就会夹生。所以，血肠快要熟时，用一根带尖的细长柳树条刺入血肠里，看看是否会流出红血丝。熟的羊血肠不会流出红血丝。

会吃手抓肉的，一定会把骨头上的肉剔得干干净净（图/庞雷）

使鹿鄂温克人用驯鹿肉做手抓肉，煮肉的时候不在汤里放食盐，而是吃的时候将肉用食盐水或酱油水蘸着吃。在狩猎的季节，猎民也会将猎获的狍子、野鹿、野猪等的肉煮着吃。过去他们煮肉时，在将肉、纯净的水、食盐倒入木桶或桦树皮桶后，再把快烧红的拳头大的石块投入其中，这样反复数十次，使木桶或桦树皮桶里的水不断沸开，直到肉煮成九分熟为止。据说，在更早的时候，他们把要吃的肉切成较大块同水一起装入洗干净的动物胃里，接着将这胃悬挂在事先用木棍搭好的三角架上，而后用木火慢慢烧烤。当胃袋里的水被下面的火烤开一阵，胃外皮呈现出焦黄颜色时，胃里面的肉就可以食用了。用这种方法煮出的肉味浓香扑鼻。

吃肉待客有讲究

鄂温克人吃手抓肉时有很多规矩。比如在吃肉前必须用刀割下一小块肉祭火神，然后大家才能动手吃肉；吃肉时，如有长者，长者先用刀将羊胸脯上的肉切成若干块分给在座的每人一份。鄂温克人认为，羊胸脯肉必须是大家一起吃，这样才能心往一处想，劲往一处使。大家吃完老人给的羊胸脯肉，就可以自己动手了。鄂温克人若用手抓肉招待客人，那么主人就用刀割下羊胸脯肉敬给每一位客人，这也是他们待客的规矩，表达了对客人的尊敬和美好祝福。他们吃肩胛骨肉时，也是大家分着吃，不能由一个人独自吃掉肩胛骨上的所有肉。对此他们解释说，羊肩胛骨上有神力和福气，因此不管有多少人都要分着吃，每人必须吃上一块。吃完肉，他们还喜欢在煮肉的汤里，放入一些大米、面条或面片熬成大米粥或面条、面片吃。老人们还要喝上几碗热气腾腾的煮肉汤。

鄂温克人用手抓肉招待客人，主人用刀割下羊胸脯肉敬给每一位客人，表达他们对客人的尊敬和美好祝福（图/庞雷）

它的音韵如天籁

——闲话鄂温克族的语言

文/朝克

鄂温克语是我们祖先在漫长的社会生活实践中用共同的智慧和劳动创造出来的宝贵民族财富，它的语音系统是那样的自然与和谐，语汇内涵是那样的丰富与完美，语法规则是那样的严谨而精练。人们说，鄂温克语的音韵就像从自然中产生的柔美而抑扬顿挫的音乐，鄂温克语的词汇是来自于大自然又归于大自然的，包罗万象尽善尽美，鄂温克语语法是在太阳、月亮、星星以及山水草木间产生的一个十分严密的思维逻辑。

鄂温克语属于阿尔泰语系满－通古斯语族通古斯语支，它同我国境内的鄂伦春语、赫哲语、锡伯语、满语，以及俄罗斯西伯利亚与远东地区的埃文基语等属于同族语言；同蒙古语族、突厥语族的蒙古语、维吾尔语等属于同语系语言；同蒙古国巴尔虎地区的查嘎登语、日本北海道地区的阿依努语、美洲的爱斯基摩语与印地安语等诸多语言均有千丝万缕的关系。也就是说，鄂温克语关系网横跨亚洲、欧洲和北美洲。

以河流命名的三大方言区

我国鄂温克语的使用者绝大多数是鄂温克人，还有一些鄂伦春人和蒙古人。由于鄂温克族具有小聚居大分散的特点，所以鄂温克语里有方言差异，分为辉方言、莫方言、敖方言三大方言。

第一方言叫辉方言，也叫辉河方言。使用这一方言的人口最多，约占总人口的90%。该方言区的鄂温克人主要居住在内蒙古呼伦贝尔市鄂温克族自治旗、莫力达瓦达斡尔族自

如同鄂温克族的小聚居大分散一样，鄂温克语的关系网也横跨亚洲、欧洲和北美洲，牵涉极广（图/林子）

在呼伦贝尔鄂温克族自治旗以及陈巴尔虎旗等牧业旗生活的鄂温克人，他们长期以来与巴尔虎蒙古人、布里亚特蒙古人、厄鲁特蒙古人共同生活，并且建立了十分密切的畜牧业生产与文化关系，因此，在他们的语言里，借入了相当数量来自蒙古族畜牧业生产生活方面的词语（图/常胜杰）

治旗、鄂伦春自治旗、阿荣旗、扎兰屯市，以及黑龙江省的讷河市、嫩江县、齐齐哈尔市等地。他们中多数人集中生活在辉河两岸。新疆的伊犁等地也有一小部分鄂温克族人使用该方言。

第二方言叫莫勒格尔(mcrgcl)方言，或叫鄂温克语莫勒格尔河方言，简称莫方言。该方言的使用人口不多，约占鄂温克族总人口的8.5%左右，主要居住在内蒙古呼伦贝尔市陈巴尔虎旗，以及鄂温克族自治旗锡尼河东苏木和孟根苏木等地，其中绝大多数人生活在陈巴尔虎旗莫勒格尔河一带。历史上，莫方言区的鄂温克语被称为“通古斯语”或“通古斯鄂温克语”等。

第三方言是敖鲁古雅河鄂温克语，简称为敖方言。该方言的使用人口占总人口的1.5%，几乎都居住在内蒙古根河市敖鲁古雅鄂温克族乡。

鄂温克语三大方言之间存在一定差别，语音差别最为显著。与此同时，在语法结构和形态变化方面也有一些差别。词汇方面的差别主要表现在，第一方言里有关农业、林业、牧业方面的词语比较丰富；第二方言内关于牧业、林业的词语十分发达。比较而言，第一方言区和第二方言区之间的差别比较小，这两个方言区的鄂温克人可以用彼此熟悉的方言进行交流。有时遇到一些难懂的词语，他们往往借助蒙古语克服谈话中遇到的语言障碍。然而，第一方言区内的莫力达瓦旗、阿荣旗、扎兰屯市等地的鄂温克人基本都通晓达斡尔语和汉语，很少有人懂或掌握蒙古语。另外，鄂伦春自治旗境内的鄂温克人不怎么会蒙古语，他们除了使用母语之外，还可以用鄂伦春语、达斡尔语进

根河静静流淌，它的附近，生活着敖鲁古雅方言区鄂温克人(图/林子)

行交流。所以，第一方言区的鄂温克人与第二方言区的鄂温克人之间的交谈遇到障碍时，只能请兼通达斡尔语、汉语及蒙古语的鄂温克人来处理语言交流中的难题。一、二两方言区的鄂温克人与第三方言区的鄂温克人进行交流时，由于彼此方言差别较大，常常出现难以沟通的场面。再加上，第三方言区的鄂温克人除了母语之外，大多数人只懂汉语或俄语，很少有人懂蒙古语、达斡尔语等。在这种情况下，他们只能用汉语来克服交流中的语言障碍。

鄂温克族对于外来语的认知态度也是如此，他们把所有的语言都看成是同样的人类交际的工具和手段，多掌握一种语言就会多一个生存空间，多一条生存和发展的途径，多一个抒发感情和交流思想的手段。所以，他们常常是以积极、主动、愉快而自然的态度接触并学习外来语言。结果，在鄂温克人中，懂得三种以上语言者比比皆是。因此，鄂温克人经常被外来民族称赞为语言天才。

可别小瞧这萌娃哦，没准儿他就能说鄂温克语、蒙古语、汉语等好几种语言呢（图/黎霞）

借词告诉你民族间的融合

语言的接触中，最为常见的是词汇的相互借用现象。鄂温克族从古到今与周边其他民族有过不同程度的接触和交流，甚至建立过十分密切的往来关系。特别是，鄂温克族人口较少，分布地域十分广阔，生活区域内民族成分很多，不同民族之间的接触与往来历史很长，所以他们从蒙古语、满语、汉语、俄语、达斡尔语等语言中借入了大量畜牧业、农业、工业方面的词汇。

历史年代、生产活动以及居住地区不同，所受到的外来语言文化的影响也有所不同。

在鄂温克族自治旗以及陈巴尔虎旗等牧业旗生活的鄂温克人，主要从事牧养牛马羊及骆驼的畜牧业生产活动，过着地地道道的畜牧业文化圈的生活。这部分鄂温克族人，习惯上被族人或其他民族称为“牧区鄂温克人”，他们长期以来与巴尔虎蒙古人、布里亚特蒙古人、厄鲁特蒙古人共同生活，并且建立了十分密切的畜牧业生产与文化关系，以及婚姻家庭关系。因此，在他们的语言里，借入了相当数量来自蒙古族畜牧业生产生活方面的词语。

美丽富饶的兴安岭是牧养驯鹿的鄂温克人生活的理想家园，他们创造了极其丰富而又独具风格的“驯鹿文化”和“桦树皮文化”。因此，在敖鲁古雅鄂温克族的语言里，有关驯鹿业生产生活、桦树皮文化、狩猎业及采集业方面的词汇相当丰富。另外，这部分鄂温克人在早年同俄罗斯人的接触也较多较深，因而在其语言中借入了相当数量的俄语词汇。后来，由于与汉族移民间的接触变得十分复杂和频繁，甚至建立了不少婚姻家庭关系，于是又借入了不少汉语词汇。

“农区鄂温克人”由于长年与汉族、达斡尔族杂居，甚至较早就有了与汉族建立婚姻关系的家庭，因此他们受到汉语、达斡尔语影响较大。语言中涌入来源于汉语或达斡尔语的农业用语和农村生活词语。同时，一些农业现代科技用语也被大量借入。

语言折射了开放的文化心态

综上所述，鄂温克族的语言中，虽然有反映畜牧业、驯鹿业、农业以及狩猎业、渔业、林业生产及文化的丰富语汇，但同时也包含着来自其他民族语言文化的诸多成分。所有这些，体现在他们日常交流的语言中，使不同地区的鄂温克语在语音系统、词汇结构、语法关系方面出现一定程度的区别性特征。

从这些语言使用情况，我们可以充分认识到鄂温克族能够借鉴与包容外来文化的优秀民族文化特征。用他们的话说，从其他民族语言中吸收大量新词术语来丰富自己的母语，是他们发展和繁荣本民族语言文化的重要途径。毫无疑问，这其中从蒙古语和汉语借入的词语居多，从鄂伦春语、达斡尔语等借入的词语也有一些。这些外来民族语词汇的借入，一定程度上满足了鄂温克人在现代社会的语言环境中所需的交流，并且丰富了他们的母语在现代名词术语方面的不足或短缺。在外来语或者说其他民族语词汇的借入过程中，鄂温克人没有停留在对于借词按照原来结构使用的层面上，而是把借词作为派生其他相关新词的原始材料，或者说把新借入的名词术语作为派生更多词语的词根或词干，在其后面接缀各种构词成分不断派生出诸多新词来使用。

很有意思的是，鄂温克语的蒙古语借词中，保留着早期蒙古语或中世纪蒙古语语音及词汇特征，这些借词有利于早期蒙古语词汇的研究工作。在早期的鄂温克语中也有一些借自俄语的词语，而且一些俄语借词一直被使用到今天。例如，kino（电影）、haranda（铅笔）、haltoshik（土豆）、kaatar（干部）等。特别是在敖鲁古雅的雅库特鄂温克语和莫勒格尔通古斯鄂温克语里，俄语借词使用得比较多。在所谓的俄语借词中，还有一些通过俄语借入的源于其他欧洲语言的词汇。

语言反映社会经济生活，在以畜牧业为主要经济形态的部分鄂温克族人的语言里，与畜牧业有关的词汇就明显增多。而在农区或使鹿鄂温克族人的语言里，这类词汇的占比就不是很高（图/庞雷）

撰稿专家

刘玉亮，黑龙江省民族研究所特聘研究员，中国民间文艺家协会会员，黑龙江省作家协会会员。长期研究北方民族的纹饰与造型艺术。主要作品有《中国北方捕猎民族纹饰图案与造型艺术·鄂伦春族卷》《中国北方捕猎民族纹饰图案与造型艺术·赫哲族卷》。作品先后获得“黑龙江省新闻出版局2009年精品图书出版工程项目”奖等多种奖励。

《中国北方捕猎民族纹饰图案与造型艺术·鄂温克族卷》

扫描二维码，
阅读专家代表著作的电子版

赶着驯鹿辗转迁徙的鄂温克族猎民(供图/乌热尔图)

第2章

从高山老林走下来的人们

历史

本章主撰稿人：黑龙江省民族研究所研究员　波·少布

“鄂温克”一词从鄂温克语直译的话意为“下来者”，意译的话则为“从高山老林走下来的人”，作为民族自称，这一词语凝练地概括了鄂温克族走出山林，走向平原和牧场的历史演进。

鄂温克族没有本民族文字，语言属阿尔泰语系满—通古斯语族通古斯语支，分为三大方言。鄂温克族长期与汉、蒙古、达斡尔、鄂伦春等民族交错杂居，因此，在鄂温克族聚居区，懂得两三种民族语言的比较普遍。由于社会发展不平衡和分布广阔，鄂温克族历史上形成了“索伦”、“通古斯”、“雅库特”（使鹿部）等三部分，文化上渐渐形成各自的特色。明末清初时，鄂温克族被称为“索伦”，“索伦”也包括鄂伦春族、达斡尔族。由于诸多原因，鄂伦春族、达斡尔族逐渐从“索伦”中分离出去，“索伦”成为鄂温克族自治旗、莫力达瓦达斡尔族自治旗、阿荣旗、扎兰屯市的鄂温克族和黑龙江省讷河市鄂温克族的称谓。陈巴尔虎旗、鄂温克旗锡尼河流域的鄂温克人，主要经营畜牧业，统称为“通古斯”。南迁黑龙江流域前，生活在西伯利亚的一部分鄂温克人以游猎为生，以饲养驯鹿著称，因为与雅库特人比邻而居，后来的俄罗斯人也称这部分鄂温克人为“雅库特”，但使鹿鄂温克人对这一称呼非常反感，因为这不是民族自称。这三个部落的鄂温克人有共同的语言和风俗习惯，属于同一民族。1957年，国家根据该民族多数人的意愿，定族称为“鄂温克”。

北疆开拓者

鄂温克族与鄂伦春、赫哲等兄弟民族一起，共同开发、捍卫了中国东北边疆

鄂温克族是长期生活于中国东北边陲的人口较少民族。坦率地说，要厘清这一民族的族源并不是一件容易的事情，因为对一个自身没有文字的民族来说，它的历史，一是靠周边其他有文字的民族来记载，二是靠口头相传。从古史来看，向来以中原王朝为正朔的各种史籍，对周边少数民族的记载要么笼而统之，要么语焉不详。煌煌二十四史，记载北方民族史实的资料少得可怜，有关族源与民族迁徙的资料更是匮乏。那么，鄂温克族的口传文学是否留下了足够多的材料呢？很遗憾，由于时间漫长，加之历史的断裂，即使原本丰富的传说也逐渐变得模糊不清，甚至有的已经被遗忘。有的虽然传承下来，但经过多少代人的转述、加工，也逐渐偏离原型，难以令人信服。在《鄂温克族简史》所附的鄂温克族《大事年表》中我们可以发现，17世纪以前，存在着大段的时间空白，譬如，从公元前2000年到公元6世纪之间，2500多年的历史付诸阙如，鄂温克族的历史脉络逮至17世纪才清晰起来。

勾稽古史并结合田野调查、考古等实证，我们大致可以给鄂温克族的源头勾勒出一个粗线条的轮廓，即北魏（386—534）时期在今黑龙江流域出现的“失（室）韦”，与鄂温克族来源有可供研究的线索。《隋书》记载有“南室韦、北室韦、钵室韦、深末怛室韦、太室韦”等五部，一部分专家认为，北室韦、钵室韦、深末怛室韦与鄂温克族有着密切的渊源关系，根据是这三部室韦都从事狩猎、捕鱼，使用滑雪板为交通工具，穿兽皮衣，夏天用桦木搭屋居住，人去世后将遗体放在树上进行风葬。这些经济文化特点与今鄂温克族都非常接近。史籍

勇武剽悍的鄂温克人向来是东北边疆的守护者（图/孙志江）

中记载的北室韦、钵室韦等部落的核心活动区域分别在今黑龙江西北境小兴安岭北端和今俄罗斯阿穆尔州结雅河与谢列姆扎河之间，这与鄂温克族口传文学中所描述的16或17世纪以前该民族的生活区域也大体吻合。马端临《文献通考》中所提及的“鞠国”，被认为与鄂温克族中的使鹿部落有渊源关系，这一部落生活在距拔野古东北约250千米处，拔野古为隋、唐铁勒十五部之一，分布于今蒙古国东南乔巴山一带，鞠部落“有树无草，但有地苔。无羊、马，家畜鹿如中国牛马，使鹿牵车，可胜三四人，人衣鹿皮，食地苔，其俗聚木为屋，尊卑共处其中”（《文献通考》）。这些特点与使鹿鄂温克人生活在苔原森林，饲养驯鹿，传说中曾以藓苔为食，住“斜仁柱”等文化现象无疑有着高度的一致性，其传承关系不容忽视。而从拔野古往北约250千米，便是勒拿河支流维季姆河苔原森林区，这一区域自古就是使鹿鄂温克人的故乡。

可以这样说，贝加尔湖周围和黑龙江上中游地区，

即使生存条件艰苦，鄂温克人依然生活得乐观、向上（图/孙志江）

两汉时期为鲜卑居地，南北朝时期黑龙江上中游地区为北室韦、钵室韦诸部所据。唐代，有山北室韦等以及使鹿的“鞠”。北室韦等部以及“鞠”等部落当是鄂温克族的不同来源，是鄂温克族的祖先之一。而自唐王朝设置幽陵都督府和室韦都督府管辖贝加尔湖周围及黑龙江上中游地区以来，历辽、金、元乃至明、清，这一地区的鄂温克族与中原王朝保持着长期的政治隶属关系，早已成为祖国大家庭的一员。

鄂温克人的来源之谜

鄂温克族现在的主要分布区并不是他们历史上的居住地。他们来自何方？多年来，中外学者对鄂温克族族源做了艰辛的探寻，产生了三种最有代表性的观点。一是来自南方说，二是起源于贝加尔湖周围说，三是源于乌苏里江、绥芬河、图们江下游说。

谜底一：南方

20世纪20年代，著名的俄国民族学家和人类学家C.M.史禄国认为，鄂温克人祖先（原通古斯人）最初居住在黄河下游和长江下游之间的地方，于公元前3000年，在从河南、陕西向黄河下游推进的汉人蜂拥而至的压力之下，开始离开故土，向北和东北迁徙，至金石并用时代就已到达贝加尔湖一带。史禄国在物质文化方面提出的论据是：鄂温克人17—18世纪所穿的敞襟式衣服与中国南方人穿的围裙相似；鄂温克人中通用的套裤也与华北和东北汉人用的膝甲相同；鄂温克人用的简单的弓与南方的弓也一样；鄂温克人用的遮雪光的护眼罩也起源于南方，不适应北方的大雪。在人种学上，史禄国将在贝加尔湖巴尔古津地区测得的鄂温克人相关数据和在华北测得的汉人相关数据作比较，发现二者存有相似性。在宗教文化方面，他认为鄂温克人萨满教中的自然崇拜与中原汉人巫教很接近。

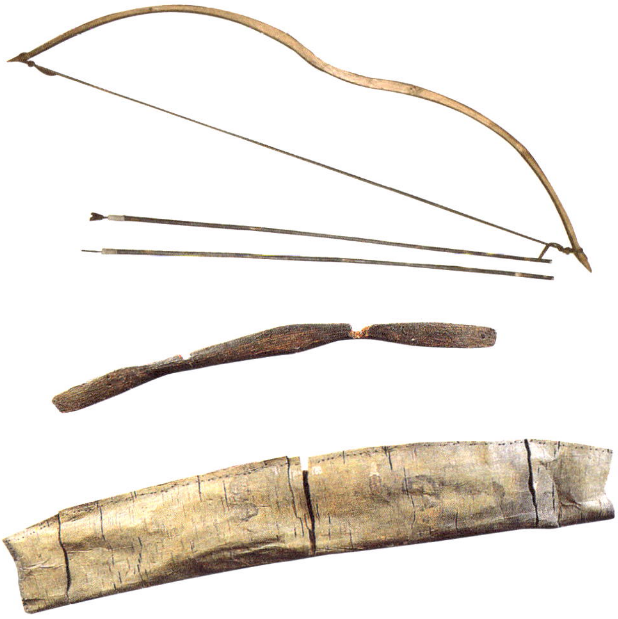

鲜卑人使用的木弓（中）和桦树皮弓衣（下）在材质、造型上与鄂温克人的弓（上）颇多相似

史禄国的这一观点，因为材料局限和缺乏考古材料的支持，没能得到学界的广泛认可。后来，另一位研究鄂温克族的著名学者吕光天先生修正了史禄国的部分观点。他说：“史禄国所假设的地点稍微靠南了一点，应该是黄河下游的南北；他提的时间稍晚了一点，应在新石器时代。”他认为，根据考古学的发掘成果，鄂温克人的祖先与起源于华北的细石器文化有密切联系。贾兰坡先生认为，根据山西峙峪遗址出土的28000多年前的细石器文化，可以判定华北地区是细石器的起源地，而且细石器文化是从华北地区逐步向贝加尔湖地区和外兴安岭以南地区传播的。上述地区的细石器都体现了船底形细石器传统，从时间上看，这些地区的细石器文化的绝对年代都未超过18000年。直至17世纪，贝加尔湖地区的鄂温克人还保留着这一细石器文化的痕迹。所以，史禄国认为鄂温克先民来自南方，也是有一定道理的。

按照这一观点，鄂温克先民向北方和东北方迁徙流动经历了一个漫长的过程，并逐渐分化为北方族群

鄂温克旗境内出土的细石器时代的石刀和刮削器（图/鄂温克博物馆）

和南方族群。他们从华北及黄河流域进入贝加尔湖地区，从地理位置上看，从华北向蒙古草原直至贝加尔湖地区迁移，如果经过漫长的时期，对于旧石器时代晚期和新石器时代初期的古代捕猎族群来说，也是可以做到的。这些捕猎者，使用着船底形细石器，捕猎野马、野牛、大角鹿、诺氏象、披毛犀、猛犸等远古动物，逐步进入了贝加尔湖地区，这种想象似乎也可以成立。再从语言学上来看，在这一地区可以找到很多用通古斯语词来解释的地名，这也吻合于鄂温克先民从华北向北和东北方迁徙这一学说。只是有一点令人难以索解，那就是鄂温克先民为什么要选择这一令人难以忍受的极冷区域。或许正如我们现在根据考古发掘所推断的那样，如今寒冷得可怕的黑龙江流域在当时却是非常温暖的。

谜底二：贝加尔湖畔

吕光天先生在出版于1983年的《鄂温克族简史》一书中提出鄂温克族“起源于贝加尔湖周围”的观点。他认为：“今天鄂温克族的分布地区并不是他们历史上的原居住地。根据考古学和人类学的研究，鄂温克族的祖先大体分布于贝加尔湖周围和以东地区直至黑龙江中游以北地区。早在公元前2000年，即铜石器并用时代，鄂温克族的祖先就居住在外贝加尔湖和贝加尔湖沿岸地区。”支持这一观点的主要论据，是因为在黑龙江上游、石勒喀河洞穴中发现了与今天鄂温克人体质特征相似的头盖骨；在考古学资料方面，色楞格河左岸上班斯克村附近的佛凡诺夫山上，发掘出1具古尸骨，其遗留的衣服上缀嵌着数十个贝壳制的圆环，位置与近代鄂温克人胸前所戴串珠以及萨满法衣上的缀饰贝壳圆环的位置完全一致。在同一座古墓中，还出土了一些白玉大圆环，与17—18世纪鄂温克人服饰上的圆环毫无差别。

鄂温克人的民间传说也与这一观点若合符节。譬如在使鹿鄂温克人的祖先来源的传说中，鄂温克人的故乡就是勒拿河，“勒拿河宽得连啄木鸟想飞过去都不可能！勒拿河一带有个‘拉玛’湖，8条大河流都注入该湖，据说湖里长着许多美丽的水草，水上漂着许多荷花，在湖旁看，离太阳似乎是很近，太阳似乎是在湖边升起的，那里气候很暖，但一过湖就冷了，湖周围山很高，鄂温克人的祖先和人类都是从‘拉玛’湖高山上起源的”。索伦鄂温克的萨满神词中也说：“我们是从石勒喀河的发源地出发，顺着‘西沃哈特’山后的影了，经过黑龙江，我们祖先的根子是在‘撮罗子’里。”那妹塔氏族萨满在跳神时叙述：“鄂温克人的故乡是在瑷珲泉水的那边，阿穆尔海的旁边，阿尔巴金城的周围，石勒喀海的旁边，在西沃哈特的周围。”

吕光天先生认为拉玛湖即贝加尔湖，勒拿河、石勒喀河等也都在贝加尔湖左近，由此，人类学、考古学以及民间口头传说资料都证明，鄂温克人起源于贝加尔湖一带，其中有一支鄂温克人向东迁徙到黑龙江中游流域、精奇里江流域和外兴安岭南北地区。总之，鄂温克

无论我们是宗奉吕光天先生的学说，还是服膺乌云达赉先生的观点，贝加尔湖都与鄂温克族的历史有着莫大的渊源关系。贝加尔湖沿岸以东以北的广大山林地区，都曾是鄂温克族祖先活动的区域（图/哈斯巴更）

乌云达赉先生认为，乌苏里江流域曾为通古斯文化地理区。鄂温克族起源于乌苏里江、绥芬河、图们江下游流域（图/搜图网）

人的祖先活动地区，是在贝加尔湖沿岸及其以东以北的广大山林之中。“民族问题五种丛书”之《鄂温克族简史》基本采纳了吕先生的这一观点。

谜底三：乌苏里江、绥芬河、图们江下游

鄂温克族学者乌云达赉认为，迄至西晋时期，从谢列姆扎—结雅河下游流域至黑龙江中游流域、牡丹江流域和乌苏里江流域、绥芬河流域和图们江流域，东至大海，为满—通古斯语通古斯文化地理区。因此，满—通古斯语族的民族起源于这里，这其中就包括鄂温克族。他在1998年出版的《鄂温克族的起源》中说：“鄂温克族起源于乌苏里江、绥芬河、图们江下游等流域，他们的祖先是靺鞨七部之一的安居骨部。”他将秦汉时期的沃国，视作安居骨部的先民，而安居骨部又是鄂温克人的先民。乌云达赉据此提出了鄂温克人起源于乌苏里江、绥芬河、图们江下游，后来逐渐向亚洲北部的

乌云达赉先生说："确确实实，在兴凯湖里长有各种美丽的水草，盛开的荷花，睡莲漂浮在水上……兴凯湖地方的冬天，南岸暖，有的年份无积雪；北岸冷，有积雪，有些年份还很厚，所以一过湖就很冷了。"所有这些都与使鹿鄂温克讲述自己族源的《拉玛湖的传说》中的拉玛湖相吻合。图为兴凯湖湿地和兴凯湖莲花（图/余彬）

广大地域迁徙的观点，并进而论证了整个迁徙过程是通过横贯亚洲北部的天然历史通道进行的。他认为，这条天然历史通道可分为四段。公元3世纪末，安居骨部人从沃沮国所在的乌苏里江、绥芬河、图们江，通过长白山北麓通道，到达松花江吉林省段，这是第一段。从松花江吉林省段西岸向西，溯洮儿河，顺哈拉哈河通道进入呼伦贝尔地区，这是第二段。从呼伦贝尔地区向西通过鄂嫩河、音果达河、齐尔库河、乌达河通道抵达贝加尔湖东岸地区，这是第三段。横渡贝加尔湖，顺安加拉—叶尼塞河通道，进入叶尼塞河中、下游流域，一部分人到了鄂毕河下游东岸，北抵北极地区，这是第四段。第四段通道，从贝加尔湖西岸分岔，顺勒拿河而下，至勒拿河右支流阿尔丹河河口又分岔，一路北抵北冰洋岸边，一路东达鄂霍茨克海岸。除此通道外，公元1233年，元灭东夏国时，居住在乌苏里江流域的鄂温克诸部仓惶出逃，北渡黑龙江，迁到布列亚河（牛满江）上游，结雅河（精奇里江）上、中游，黑龙江上游等地区，这些鄂温克人一直到清初还居住在这里。

乌云达赉也运用了使鹿鄂温克人的有关族源的《拉玛湖的传说》来论证他的有关鄂温克族起源的观点。有意思的是，同一个传说，吕光天将拉玛湖定位于贝加尔湖，而乌云达赉则解释为兴凯湖。西　东，相隔2000千米

花开三朵，各表一枝
——同宗异流的鄂温克三部落族群

鄂温克人有着大分散、小聚居的特点。加之历史上的迁徙和地理阻隔，在广阔区域里分散聚居的若干鄂温克群体在生产和生活方式上有了差异，并进而被人们区分为3个部落族群。

被请来的人——索伦部落族群

目前居住在嫩江右支流甘河、诺敏河、格尼河（诺

敏河支流）、阿伦河、音河、雅鲁河、济沁河（雅鲁河支流），嫩江左支流讷谟尔河以及伊敏河、锡尼河（伊敏河支流）、辉河（伊敏河支流）流域的鄂温克人都属于这一族群，他们在行政区划上分别隶属于今内蒙古自治区鄂温克族自治旗，扎兰屯市（原来属于布特哈旗范畴）的萨马街鄂温克民族乡，莫力达瓦达斡尔族自治旗的巴彦鄂温克民族乡、杜拉尔鄂温克民族乡，阿荣旗的查巴奇鄂温克民族乡、得力其尔鄂温克民族乡、音河达斡尔鄂温克民族乡，黑龙江省讷河市的兴旺鄂温克民族乡等。除此之外，居住在新疆维吾尔自治区的鄂温克人历史上也曾称“索伦”。

“索伦”一词解释颇多，“先锋”“射手”“请来”“东方”“左方”“上方”不一而足。鄂温克族语言学家朝克认为，“索伦”是清政府对鄂温克人等的一种称谓，满语含义为“顶梁柱”“柱子”。因为鄂温克人骁勇善战，称雄于诸部，起到了柱子般的作用，所以，清政府称赞他们为“索伦”。初始，清政府把黑龙江地区的几个民族统称为“索伦部”，达斡尔族、鄂伦春族也包括在内。后来达斡尔族、鄂伦春族逐渐从“索伦”中脱离，“索伦部”就专称鄂温克族了。在正式恢复鄂温克族自称之前，对农牧区的鄂温克人习惯上称“索伦人”或“索伦鄂温克人”。

从唐代开始，鄂温克先民所活动的区域就受到了中央政府的有效管理。黑龙江上、中游流域，精奇里江流域加上外兴安岭，均为鄂温克先民的居地，明朝归奴儿干都指挥使司管辖，当时共设11卫来管理。

清初，鄂温克人大致是生活在黑龙江上、中游流域和精奇里江流域，在从石勒喀河河口到精奇里江河口的地域内，即明代的木河卫、出万山卫、阿剌山卫、脱木河卫等各卫管辖的地区。这一时期，“索伦部”正式出现于史册，当然他所包含的并不仅仅是鄂温克人。索伦部的著名首领是博穆博果尔。

强悍的索伦部根本不服从清朝的统治，严重威胁了清朝北疆的安全和稳定。所以，清太宗皇太极从崇德四年十一月八日（1639年12月2日）到崇德八年七月七日（1643年8月20日）三征索伦部。经历了三年零八个月的激烈抗争后，骄傲的索伦部不得不低下高昂的头，清廷因此获得了战无不胜的北疆劲旅，索伦部成为了清廷统一国家的利器。

顺治元年（1644），清军入关后，觊觎已久的俄国沙皇趁机向黑龙江流域进军。清廷当时主要精力在逐鹿中原，无暇北

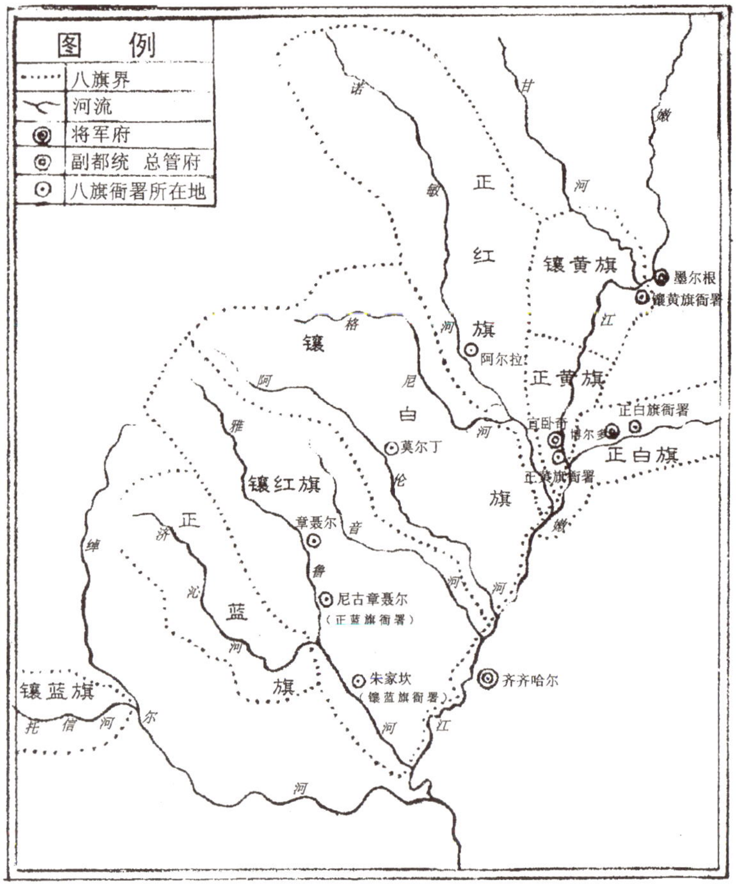

布特哈八旗分布示意图

盛装的鄂温克三部落青年。①③⑥⑦⑨为索伦鄂温克人，②⑤⑧⑩为通古斯鄂温克人；④为敖鲁古雅鄂温克人（图／黎雷）

顾。在这种情况下，居住在黑龙江及其支流精奇里江流域的鄂温克人、达斡尔人、鄂伦春人，离开故乡向嫩江流域迁徙。历顺治一朝，索伦部的这次迁徙基本完成，在嫩江两岸以及诺敏河、格尼河、阿伦河、音河、雅鲁河、济沁河、绰尔河、托欣河流域靠近山区的地域停下了脚步。当时，索伦部仍以狩猎为主。所以，清政府在索伦部居住区首先按丁编佐，建5个阿巴（猎场）和3个扎兰（即甲喇，清代八旗组织中层编制单位，5个牛录为1个

索伦鄂温克人由于受其他民族的影响，渐渐开始了农业生产。他们因此被称为农区鄂温克。图为农区鄂温克人的生产用具犁、锄头、镐头、镰刀，与汉族农具无异（图／庞雷）

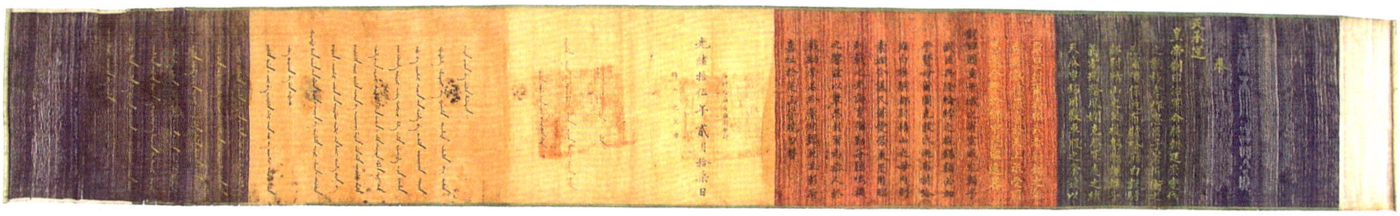

光绪帝御赐布特哈镶白旗骑都尉杜精山仪仗及赐给他父母的诏书（图/庞雷）

秋天，嫩江支流诺敏河阴郁中带着绚烂（图/苏伟伟）

甲喇）。5个阿巴以鄂温克人为主，3个扎兰以达斡尔人为主。5个阿巴和3个扎兰，统称为布特哈地区。从顺治朝到康熙二十二年（1683）正式建立镇守黑龙江等处地方将军前，布特哈地区归理藩院直接领导，康熙二十二年（1683）以后，归黑龙江将军管辖。

布特哈总管驻地在伊倭奇（今内蒙古莫力达瓦达斡尔族自治旗）。初设索伦、达斡尔总管时间应为康熙三十年（1691）。雍正十年（1732），清政府批准黑龙江将军卓尔海的奏请，以索伦五阿巴、三扎兰为基础，建立了布特哈八旗，分旗色进行管理。布特哈八旗是在管理5个阿巴、3个扎兰的布特哈总管衙门的基础上建立的。所以，布特哈八旗驻地也在伊倭奇的总管衙门旧址。光绪二十年（1894），布特哈八旗总管衙门升为副都统衙门，驻地由伊倭奇迁至博尔多（今讷河市）。光绪三十一年（1905），裁撤副都统建制，以嫩江为界，分设东、西两个布特哈八旗总管衙门。东布特哈八旗总管驻博尔多，西布特哈八旗总管驻伊倭奇。宣统二年（1910），裁撤东布特哈，改设讷河厅。1915年，在西布特哈置布西设治局。

生活在清澈的河畔——通古斯部落族群

通古斯，是对居住在海拉尔河右支流莫勒格尔河流域以及伊敏河右支流锡尼河流域部分鄂温克人的称谓。也就是指当今居住在内蒙古自治区陈巴尔虎旗鄂温克民族苏木、巴彦哈达苏木和鄂温克族自治旗锡尼河苏木的部分鄂温克人。

关于“通古斯”一名的来源，乌云达赉认为：“通古斯是tunggus的译音。tung意为‘柳条林’，gu意为‘河’，s是蒙古语、突厥语复数词的意思。”据乌云达赉考证，一部分鄂温克先民原来居于吉林省东部松花江上源区域，即辉发河上源柳河及柳河右支流伊通河流域。后来他们迁至贝加尔湖地区后，自称通古（tunggu）人，而周边邻人则称他们为通古斯（tunggus）。“总之，‘通古斯’这个名称要么来自伊通河，要么来自柳河。”朝克认为：“‘通古斯’一词是由于这部分鄂温克人曾经在俄罗斯的通古斯克河畔居住而得名。再说通古斯克这一河名跟阿尔泰诸语中表示‘清澈’之意的形容词‘通古斯’‘通古斯克’‘通古勒格’似乎是同源，很显然，通古斯克河是指清澈的河。这样一来，应该把通古斯鄂温克解释为：‘生活在清澈的河畔的鄂温克人’。”朝克提到的通古斯克河，在今俄罗斯联邦克拉斯诺亚尔边疆区境内，系叶尼塞河右支流，现称“通古斯卡河”，共两条，在南者为中通古斯卡河，在北者为下通古斯卡河，这一地区又称“通古斯高原”。中通古斯卡河和下通古斯卡河两河上源中间地带称“中通古斯高原”。

通古斯鄂温克人还有“那麦塔”“那麦尔”“喀穆尼堪”等称呼。它所生活的地域，唐至元代史籍中没有明确的记载，只有一些民间传说。据那麦塔氏族萨满的叙述，通古斯鄂温克人的故乡是在“瑷珲泉水的那边，阿穆尔海的旁边，阿尔巴金城的周围，石勒喀海的旁边，在西沃哈特的周围”。以上传说中，提到5个地方。瑷珲泉应在瑷珲城附近，阿穆尔海指黑龙江，阿尔巴金城是雅克萨城，石勒喀海即石勒喀河，以上四地均在黑龙江上游地区。而西沃哈特则是乌苏里江以东的锡霍特山脉。黑龙江上游到乌苏里江以东地区，东西相隔1300多千米，鄂温克人的历史足迹覆盖了这一广阔的地域。明清以后，通古斯鄂温克人的史料记载清晰起来，明末至清代，活动于贝加尔湖以东至额尔古纳河以西地域，

神将海兰察

海兰察，索伦部落杜拉尔氏族人，1740年出生，出生地在今鄂温克族自治旗巴彦嵯岗苏木境内。自幼孤苦，乾隆二十年（1755）被招入伍，南征北战、戎马生涯38年，勇略过人，战功显赫，从普通马甲（士兵）累功迁至头等侍卫、一等超勇侯、侍卫大臣、内大臣、参赞大臣、都统等官职，曾被清廷赐“额尔克巴图鲁”“额森特丹巴巴图鲁”“绰勒霍勒科巴图鲁”等称号，4次画图像于紫光阁，位次第五。海兰察病故后，乾隆皇帝格外施恩准其牌位入昭忠祠，并在台湾、黑龙江、海拉尔、巴彦托海等地修建祠和寺庙，立碑纪念。

海兰察在呼伦贝尔地区的鄂温克、达斡尔、蒙古等民族的民间有很多神奇的传说，至今广为流传。有一则传说说他少时去一家姓朱的商号当童工，因为骑术好，被派去牧马。别人放牧时马匹经常被狼吃掉，而海兰察放牧后，再没有发生过马被狼吃掉的事。雇主很奇怪，于是夜间偷偷去察看，居然不见海兰察，而见“一只虎”睡在马群旁。海兰察的机智由此可见。雇主于是把海兰察请回商号，让他押车往返于奉天、吉林等地拉脚，工钱优厚。海兰察也非常勤奋，深得朱家的信任。从军时，掌柜主动对海兰察说：“你在我的马群中任意挑选军用马匹吧……”于是海兰察挑选了一匹5岁口的驼背深黄色骟马。这匹马胸宽，四肢长而粗，毛色纯正，驰飞如箭。海兰察骑着这匹马，南征北战，打了很多胜仗，被人称为神将。

海兰察画像（供图/鄂温克博物馆）

扫描二维码欣赏
索伦鄂温克民歌《塔日巴之歌》

上图：牧区鄂温克人在纺线（图/黎霞）
下图：莫勒格尔河。1918年后，通古斯鄂温克人东渡额尔古纳河来到了该河及特尼河流域（图/黎霞）

也就是今俄罗斯的布里亚特共和国东部和外贝加尔边疆区音果达河、尼布楚河、石勒喀河、乌鲁楞古、敖嫩宝如金河流域。

历史上，通古斯鄂温克人与布里亚特人长期杂居。因此，其生产方式是以游牧为主，狩猎为辅。

通古斯鄂温克人共有15个氏族，随着沙俄的逐渐往东扩张，自从康熙二十八年（1689）中俄《尼布楚条约》正式生效后，他们就在俄国境内生活。1917年，俄罗斯“十月革命”爆发，沙皇政府倒台，新旧政权交替，社会处于非常时期。从1918年开始，居住在额尔古纳河西岸敖嫩宝如金、乌者恩、塔拉其、乌鲁楞古、布如珠地

区的通古斯鄂温克人，在俄罗斯人的压制下东渡额尔古纳河，迁至黑龙江以南，游牧于莫勒格尔河与特尼河流域。当时，呼伦贝尔地区仍延续清末的行政建制，设置呼伦贝尔副都统，新巴尔虎右翼正黄、正红、镶红、镶蓝四旗，左翼正白、正蓝、镶白、镶黄四旗；索伦右翼正黄、正红、镶红、镶蓝四旗，左翼正白、正蓝、镶白、镶黄四旗，共十六旗均归呼伦贝尔副都统管辖。通古斯鄂温克人游牧的莫勒格尔河与特尼河，均在索伦左翼游牧地范围内。所以，自然也被编入索伦左翼镶白旗第一佐中。1919年，从索伦左翼旗中划分出正蓝、镶白二旗，成立了陈巴尔虎旗，驻巴彦库仁。但镶白旗一佐的通古

索伦巨擘——清朝内大臣博尔本察

博尔本察

博尔本察是布特哈索伦人，属鄂拉氏族，隶正蓝旗。正蓝旗位于今扎兰屯市济沁河流域。

雍正九年(1731)，清朝编制布特哈八旗时，济沁阿巴编为正蓝旗，博尔本察由侍卫升任为佐领。《尼布楚条约》签订后，额尔古纳河以东的大兴安岭和呼伦贝尔草原由内陆地区变为边疆前沿，边境线长，当地又无居民，处于有边无防的局面。为守卫辽阔的东北边境地区，防止沙俄的再次入侵，康熙提出了"驻兵永戍"的方针。

为加强中俄边境呼伦贝尔段的防务，博尔本察等人曾受命前往呼伦贝尔视察，清廷根据他们实地调查的报告，拟定了呼伦贝尔的防务方案，博尔本察被任命为呼伦贝尔索伦右翼第一任总管，总管关防，民称"博恩德安本"。

戍边官兵初到呼伦贝尔草原，一切都从头做起，困难很多。博尔本察组织指挥戍边官兵安营扎寨，划分驻牧区域，布防戍边，分配调拨牲畜以立产业，改善生存条件，终于在草原立足。

作为清朝官员奉命办理戍边事宜，博尔本察踏查呼伦贝尔，奉命创立索伦八旗建制，带领戍边官兵越过大兴安岭抵进呼伦贝尔草原，是带领部分鄂温克人迁居呼伦贝尔草原的鄂温克族著名领袖。

此后，博尔本察先后驻防察罕叟尔(今蒙古国境内)、乌里雅苏台(今蒙古国扎布罕省扎布哈朗特)等地，在伊犁河南特克斯与阿睦尔撒纳叛军交战。战斗中，博尔本察指挥的索伦劲旅发挥了主力军作用，阿睦尔撒纳叛军仓皇败逃俄国。

因战功卓著，乾隆恩准博尔本察画像于紫光阁，载入功臣史册，位列功臣第20名。乾隆皇帝还赞曰："矍铄请行，索伦巨擘。挽五石弓，尚能杀贼。如鸷之击，不留飞鸟，马援来归，殊恩荣老。"赞词中把博尔本察比作汉朝伏波将军马援式的人物。

(文/吴守贵)

根特木尔的出走与死亡

清初，通古斯鄂温克人一直在额尔古纳河西岸赤塔州地域内游牧，酋长是根特木尔。清顺治十一年（1654），俄国人在石勒喀河左岸建立涅尔琴斯克堡，以彼得·别克托夫为首的俄国侵略军占领了尼布楚，并继续向东扩张。在这一地区游牧的通古斯鄂温克人，拒绝向沙皇纳贡，于是酋长根特木尔率领300多部众，东渡额尔古纳河，内迁到根河、海拉尔河一带游牧。清政府将根特木尔的部众编为3个佐，他本人接受了清朝的官职，被封为四品官，并领取了清政府的俸饷。

通古斯鄂温克人被编佐后，受清朝政府的统一指挥，从顺治十一年（1654）至康熙五年（1666）12年间，一直在根河、海拉尔河流域游牧。顺治十二年（1655），根据清政府的调遣，根特木尔还率领通古斯鄂温克族众参加了攻打俄军呼玛尔斯克堡的战斗。然而，康熙六年（1667），根特木尔率领9个妻子、30个儿子、300多名族众，又回到原驻地尼布楚河流域游牧去了。

对于根特木尔离开根河、海拉尔河流域的原因，说法不一。有的说“根特木尔带领其亲属族众40余人逃奔尼布楚，叛国投俄”；有的说根特木尔“在呼玛尔堡见到俄国人生活方式较好，内心颇为羡慕，遂回避同俄国人交战，有意为沙皇陛下效劳。当团队后撤时，他就背弃了博格达人，携带子女及部众共300余人来涅尔琴斯克归附大沙皇”；有的说“根特木尔曾到北京见皇帝报告情况，由于他是游猎民族的氏族酋长，不懂见皇帝的礼节，见了皇帝没下跪叩头，触怒了皇帝，皇帝下令砍他的头，他便逃回……率领一部分鄂温克人，过了额尔古纳河，回到尼布楚一带”。

以上三点解释都很难成立。事实是，根特木尔率众出走，与清政府所采取的“以夷制夷，相互制约”政策有绝对关系。当起用一个有强大势力的部落时，清政府必然利用另一个部落来制衡他，使双方势力相互消减，免除对政府的威胁。加之地方官员在处理根特木尔的具体问题上不公正，引起根特木尔的不满，逐渐与朝廷对立起来，发生冲突，于是率众出走，回到了原游牧地。这时，尼布楚地区正被俄国侵略军占领，俄国人利用了根特木尔对清政府不满的情绪，进行分化策反，最终根特木尔成为俄国人的帮凶。

康熙八年（1669）、九年（1670）、十一年（1672）、二十二年（1683），清政府屡次派员去尼布楚或向俄方发出咨文要求遣返或引渡根特木尔，均未成功或未得回复。康熙二十五年（1686）十月十六日，康熙皇帝亲笔写信给沙皇，信中指出：“有关根特木尔一事，据达尼尔（阿尔申斯基）称已奏报察罕汗，一旦指令下达，彼当立即交出，决不延误。”但是最后得到的回复还是拒绝遣返。后来，根特木尔启程去莫斯科入觐沙皇，途经纳雷姆时死去。史料中没说他的死因，但民间却传说，根特木尔在秋天和一个族人去打猎，发现一只鹿，鹿角已干了，他们俩从两侧夹攻，他的族人一箭射到鹿的干角上，箭滑过了鹿角，正好射中对面的根特木尔，部落的人要抓这个人问罪，根特木尔临死前说：“他不是故意的，我亲眼看到他射鹿后才碰到我。”说完就死了。究竟根特木尔因何而死，已成历史之谜。

鄂温克猎民使用的滑雪板和雪杖。冬天，他们蹬着滑雪板在林中驰骋，追寻猎物（供图/鄂温克博物馆）

斯鄂温克人仍留在索伦左翼旗。后来从八旗制转为行政旗制后，建立了一套正规的行政建制。通古斯鄂温克人的每个村寨都设有嘎僧嘎（即村长），嘎僧嘎之上有哈朋等官员，嘎僧嘎之下还有宝西呼，相当于催办。这种建制一直延续到伪满洲国。1937年，伪满当局将莫勒格尔河流域和三河以南的鄂温克人全部迁至海拉尔河北岸沿线一带和特尼河流域。

通古斯鄂温克人除定居于陈巴尔虎旗莫勒格尔河中游的鄂温克民族苏木外，在莫勒格尔下游的巴彦哈达苏木还有来自额尔古纳河西岸布如珠地区的500多人，如今多从事牧业兼营农业。在鄂温克族自治旗锡尼河苏木，有一部分来自额尔古纳河西岸塔拉其地区的通古斯鄂温克人在此定居。

秋天的激流河，两岸树叶金黄，河水波澜不兴（图/林子）

越过宽阔的河流。驯鹿在迁徙途中(供图/乌热尔图)

林中驯鹿人——使鹿部落族群

使鹿部，是对游猎于额尔古纳河右支流阿巴河、激流河等河流流域的鄂温克人的称谓。这一支鄂温克人如今主要居住在呼伦贝尔根河市敖鲁古雅鄂温克族乡。

很长一段时间里，这一支鄂温克人被称为“雅库特”。使鹿鄂温克人在俄罗斯时与雅库特人混居在一起，而雅库特人多，鄂温克人少，俄罗斯人误称鄂温克人为“罗细亚雅库特人”，以讹传讹，鄂温克人游猎到中国境内后，“雅库特”一名沿袭下来，1949年后，当地仍有人称他们为“雅库特”。使鹿鄂温克人对“雅库特”之名非常反感，曾为名称问题与俄罗斯人吵过嘴，打过架。他们说：“我们是鄂温克，不是雅库特。”

从唐朝至明末，使鹿部鄂温克人活动在贝加尔湖周围、勒拿河流域及其支流维季姆河流域，元代称他们为“林木中之兀良哈人”，明末称其为“北山野人”。

清初，使鹿鄂温克人居住在原清属蒙古茂明安部

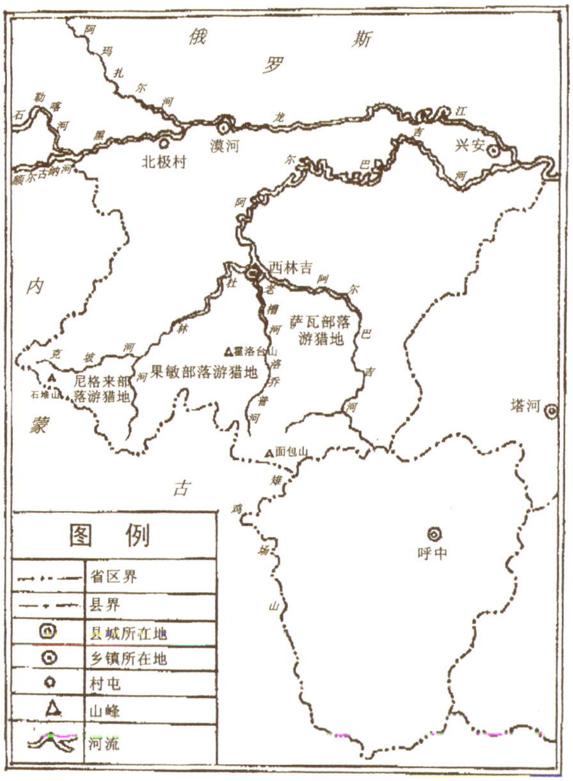

清初使鹿鄂温克人游猎地分布示意图

勒拿河。清初，使鹿鄂温克人曾在该河支流维季姆河流域活动（供图/乌热尔图）

苗游牧地西侧，勒拿河右支流维季姆河流域，酋长叫叶雷。早在崇德元年（1636），就与清朝有了联系。17世纪40年代，大约在清顺治初年，使鹿鄂温克人从贝加尔湖以东的维季姆河流域，向东迁徙至额尔古纳河与黑龙江交汇处以东的阿马扎尔河流域，即今黑龙江省漠河以西地域。这次迁徙，主要是因为沙俄入侵。在这里停留一个时期后，发现黑龙江南岸野兽特别多，于是他们悄悄从阿马扎尔河乘桦皮船，渡江来到黑龙江南岸，即现在的黑龙江省漠河县境内。当时有索洛共、给力克、卡尔他昆、布利拖天等4个氏族，共75户约700多人。

中俄《尼布楚条约》正式签订后，使鹿鄂温克人再不能越过额尔古纳河向西到维季姆河流域游猎了，只能在中国版图内迁徙。使鹿鄂温克人在漠河县境内游猎时，索罗共氏族与给力克氏族在一起，由索洛共氏族的萨克酋长率领，在阿尔巴吉河（今额木尔河）流域游猎，即今凤水山到雉鸡场山一带。

清嘉庆十二年（1807）左右，游猎于杜林河（今大林河）与克坡河（今克波河）之间的卡尔他昆氏族和布利拖天氏族的一支，在布利拖天氏族酋长尼格来的率领下，由漠河县境内向南迁至呼伦贝尔总管辖区贝尔茨河流域。贝尔茨河，清代也称牛尔河，今称激流河，流经内蒙古额尔古纳市境内。嘉庆十五年（1810）前后，索罗共氏族与给力克氏族由漠河县向南迁徙，到达贝尔茨河流域。5年以后的嘉庆二十年（1815），他们又迁徙回到了阿尔巴吉河流域。清道光二年（1822），果敏酋长率领布利拖天氏族的另一支也来到贝尔茨河。有清一代，使鹿鄂温克人形成了两个部落：一个是由索罗共氏族和给力克氏族组成的部落，在漠河境内的阿尔巴吉河流域游猎；另一个是布利拖天氏族和卡尔他昆氏族组成的部落，在贝尔茨河流域游猎。

清末时，使鹿鄂温克人分化为三个部落：由索罗共、给力克氏族，以及从索罗共氏族分化出来的索罗拖斯基氏族组成的部落；游猎于奇乾境内贝尔茨河以北至乌玛河以南地域的，由卡尔他昆氏族和从布利拖天氏族分化出来的固德林氏族组成的部落；游猎于奇乾境内贝尔茨河以南至德勒布尔河以北的，由布利拖天氏族中的一小部分和给力克氏族的一部分组成的部落。宣统元年（1909）五月，珠尔干总卡官赵春芳等4人，曾进山进行调查，在今激流河支流乌鲁吉气河附近会见了使鹿鄂温克人的首领阔力阔夫和票德尔，并对猎户进行了登记。当时贝尔茨河流域有22户、黑龙江流域有4户。

顺治初年，当索罗共、给力克、布利拖天、卡尔他昆4个氏族，向阿尔巴吉河迁徙时，阿马扎尔河流域还剩下4个氏族没跟随南迁。这4个氏族是索罗拖斯金苦鲁、东该因苦鲁、哈布金苦鲁、哈布都坎苦鲁等。他们与阿尔巴吉河流域的使鹿鄂温克人婚姻关系特别密切，相互之间经常来往。咸丰八年（1858），中俄签署不平等的《瑷珲条约》，将黑龙江以北、外兴安岭以南的约60万平方千米的土地割让给沙俄后，阿马扎尔河流域已归俄国所管。所以，阿马扎尔河流域和阿尔巴吉河流域的使鹿鄂温克人，相互走动受到了国界的限制。尽管如此，他们私下仍有来往。光绪十八年（1892），阿尔巴吉河流域的使鹿鄂温克人的驯鹿全部死掉，后来，他们从俄国境内的阿马扎尔河鄂温克人那里买来了驯鹿。这两个部落亲缘关系比较密切，在当时，森严的国界也封锁不了他们的来往。

4个氏族的后裔如今还都生活在敖乡。(从左至右)
布利托天氏族的安塔·布老人(图/林子)
固德林氏族的安道老人(图/冯训林)
索罗共氏族的玛丽亚·索老人(图/冯训林)
卡尔他昆氏族的何协(图/冯训林)

大清二征索伦部

清朝索伦部佐领官印（图/黑龙江省民族研究所）

明天启六年（1626）秋九月，努尔哈赤病逝，其子皇太极继承汗位。要南下攻明，必先有稳定的后方，如何解决处于黑龙江上、中游的索伦部呢？皇太极采取了“恩威兼施，抚征结合”的方针，凡是臣服者，善言抚慰，饮食甘苦，一体与共；凡是反抗者，武力征服，编旗充军。

迫于压力，索伦部鄂温克首领博穆博果尔于崇德二年闰四月十二日（1637年6月4日）、崇德三年十月十七日（1638年11月22日），两次率众携带貂皮、猞猁狲等物到盛京朝贡。崇德三年十二月初五（1639年1月8日），皇太极于崇政殿赐宴博穆博果尔等人，后又赐衣服、马匹、弓、矢、房屋及一些器物。

在以财物对博穆博果尔及其部众进行笼络的同时，皇太极又在索伦部内扶植巴尔达奇，与其联姻，利用他与博穆博果尔之间的矛盾，进行分化瓦解，挑拨离间，肢解索伦部各族的联盟。这引起了博穆博果尔的极大不满，崇德四年大年初一（1639年2月3日）受赐宴，回到黑龙江流域后，他停止了朝贡，断绝了与清朝的联系。皇太极于是发大兵往征索伦部。

第一次征索伦部，始于崇德四年十一月八日（1639年12月2日）。皇太极出动了满洲八旗军，分为两翼进发，经过艰苦的鏖战，先后攻下了多金城、雅克萨城。雅克萨城索伦兵被杀100多人，城主噶凌阿（博穆博果尔胞弟）与200多兵士被俘，众多老弱妇孺被擒，清军伤亡也很惨重。其后，清军又下乌库尔城，在进攻铎陈城时，博穆博果尔急派索伦兵增援，清军抵挡不住而退兵。博穆博果尔失去三城一屯后，便从额尔吉纳河口到精奇里江河口的广大地区，从外兴安岭到黑龙江上游西岸地区，召集索伦部各地人民组成了6000人的抗清队伍，在铎陈城一带摆开战场，与清军进行决战。他率军堵截并包围了正蓝旗后队，缴获了清军的全部辎重，全歼正蓝旗后队。此后，他又陷入清军伏击圈中，伤亡惨重。清军乘势夺取阿萨津、铎陈二城。博穆博果尔无奈率领部分索伦军逃入深山。据历史文献记载，第一次征索伦部，历时5个半月，攻克了雅克萨、多金、乌库尔、铎陈、阿萨金等五城和额尔图屯、卦喇尔屯。

皇太极把俘获的6740名索伦人全部编入八旗，并将其中的男子壮丁，派到与明朝交界的锦州，在小凌河右支流女儿河流域驻防，把守南部边防，同时驱使他们掳掠中原的人口和财物。从此，索伦军成为八旗劲旅和大清守疆卫士。

崇德五年七月二十七日（1640年9月12日），皇太极派遣席特库、济库哈等率护军并征外蒙古官属兵丁，再征索伦部，主要任务是追击出逃的博穆博果尔以及随从兵丁。经过两个月零十三天，在甘地终于俘获了博穆博果尔的弟弟及其家属共174人，斩11人，死亡7人，逃跑1人。又过14日，在齐洛台地方，俘获博穆博果尔及其妻子家属，男妇幼共956人，马牛844匹（头）。甘地、齐洛台两地，共俘获1130人，牛马777头（匹）。崇德六年正月十六日（1641年2月25日），席特库、济席哈率护军、蒙古军凯旋，第二次往征索伦部的战争告一段落。关于这次出征的甘地与齐洛台究竟在何地方？学界一致认为齐洛台在今俄罗斯赤塔附近某一地区，而甘地在今内蒙古自治区鄂伦春自治旗境内甘河上游的甘河镇。第二次往征索伦部，历时五个月零十九天，所俘获与降服的人口总共为2805人。博穆博果尔被俘后，于1641年2月被押抵盛京，不久被杀害。博穆博果尔刚出生的嫡子图麻尔，被留在科尔沁部土谢图亲王巴达礼处，满周岁后送往盛京，被封为和硕襄亲王。顺治十三年七月三日（1656年8月22日），和硕襄亲王博穆博果尔蹊跷死亡，年仅16岁。

第三次征讨索伦部始于崇德八年三月十七日（1643年5月4日），这次出征攻克三屯，招降四屯，经过三个月零二十天的征讨，于崇德八年七月七日（1643年8月20日）结束。

皇太极三征索伦部，经历了三年零八个月的时间，共俘获与降服索伦人口14391人，缴获牛马2355头（匹）、各种兽皮7650张、裘皮33领。索伦部被彻底征服后，开始向大清称臣纳贡，成为清廷最有战斗力的劲旅。

清朝的八旗制度，有军事、行政和生产三种职能，一般情况下平时生产，战时从征。清军入关后，忙于统一中原，频繁地进行征战，八旗军的生产属性日趋减弱，加之战时的流动性，行政性功能下降，军事性能则日益增强。被编入八旗的索伦部以承担军事任务为主，索伦兵向来骁勇善战，是清政府的一支最强悍的军事力量。只要有战事，就征调索伦兵出征。如康熙年间征讨噶尔丹、准噶尔，雍正年间征讨科布多，乾隆年间征讨金川，嘉庆年间平定教匪、陕匪，道光年间解决回疆不靖、英人犯境，咸丰年间平定粤捻，抵御英法侵略军，同治、光绪两代支援平定新疆、甘肃之乱，都有索伦兵的参与。索伦兵转战达22省，生还者不到十分之一。

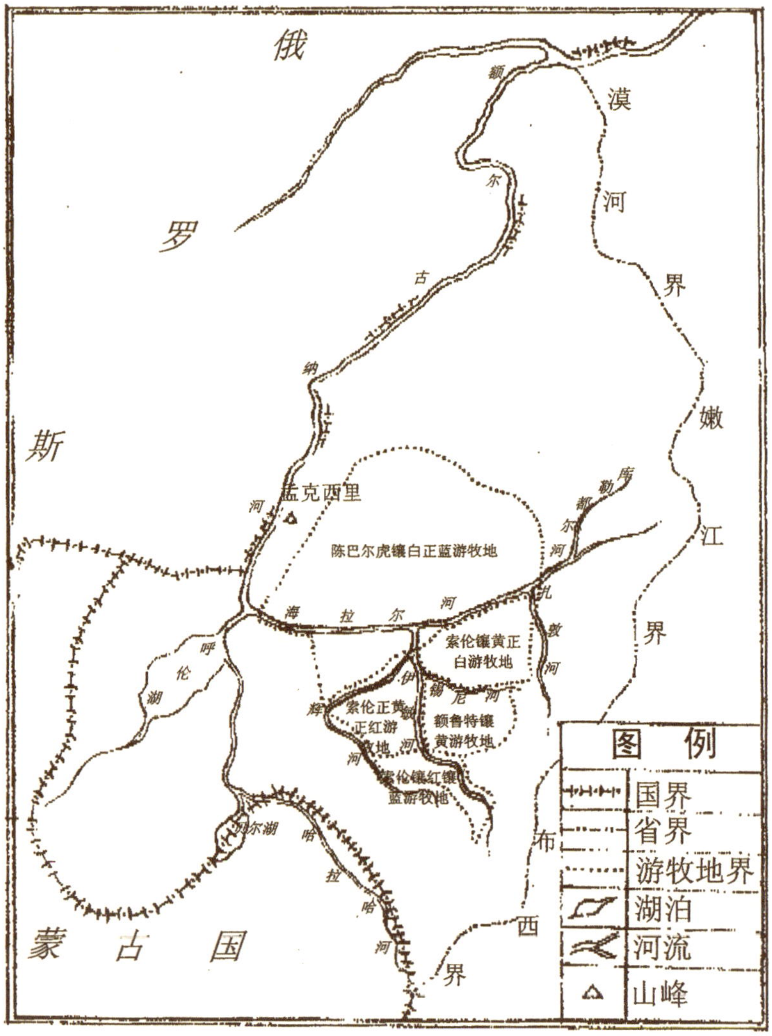

索伦两翼八旗游牧地分布示意图

新疆伊犁为什么有索伦鄂温克人?

新疆伊犁地区为什么有索伦鄂温克人？他们为什么从万里之外的黑龙江流域来到新疆？这要从新疆天山南北地区统一后说起。大小和卓之乱后，乾隆二十四年（1759），清政府从全国各地抽调官兵驻防伊犁，以防再次生变，并修筑城池屯田游牧，每3年进行一次轮换。乾隆二十六年（1761），军机大臣傅恒建议从察哈尔八旗中拣选1000名年富力强的壮丁，携眷迁至新疆伊犁永久驻防，并解决他们的长远生计，这样就可以免去每3年进行一次轮换。乾隆皇帝批准了傅恒的建议，立即从察哈尔选调了1000名壮丁，携眷到伊犁驻防。他们是首次携家眷迁往伊犁永久驻防的八旗兵。乾隆二十七年（1762），始设伊犁将军，驻惠远城，管理天山南北军政事务，伊犁很快就成为西北地区的军事重镇。乾隆二十八年（1763），根据乾隆皇帝的谕旨，又从索伦、察哈尔八旗中各选1000名壮丁，均作为披甲，携带家眷前往伊犁永久驻防。第二次迁往伊犁永久驻防的官兵共5200名，加上首次调往的1000名，共6200名，初步满足了伊犁驻防和屯田的需求。

乾隆二十八年（1763）正月二十三日，黑龙江将军图多欢接从索伦、达斡尔内各选的500名兵丁，共1000名，选派布特哈总管1员、副总管1员、佐领10员、骁骑校10员护送，另有家眷1838名随行。

索伦兵丁分两批前往伊犁。第一批索伦兵500名，家眷921口，于乾隆二十八年（1763）四月初十日，由嫩江流域布特哈起程，经过九个月零九天的长途跋涉，于乾隆二十九年（1764）正月十九日顺利抵达伊犁。

第二批达斡尔兵丁500名，家眷917名，于乾隆二十八年（1763）五月初三日，由嫩江流域布特哈出发前往新疆伊犁。

这1000名索伦、达斡尔兵丁到达伊犁后，在赛里木诺尔驻牧，在察罕乌苏种田，在霍尔果斯过冬。索伦官兵在奎屯、萨玛尔等地方，游牧种地，自食其力。整个驻地在霍尔果斯河以西地区，包括齐齐罕、土尔根、车济等屯落。1000名索伦、达斡尔兵丁统编为索伦营，负责驻守大小卡伦8座。巡查范围在伊犁河中游北岸，西至伊犁河右支流奎屯河，东至霍尔果斯河流域一带。

嘉庆二年（1797）以后，索伦营出现了兵源危机。一是人口增长缓慢，竟有很多绝嗣之户；二是疫病传染，死亡诸多散丁。因此，索伦营亏缺400余兵，无丁可补，没有办法解决。最后只好将锡伯营能挑选甲兵的160户移至索伦营补充营缺。道光十三年（1833），再度出现兵源危机，这次危机主要是索伦兵阵亡230多人，散丁年幼，无壮丁可补，只好又从锡伯营拣选100户移入索伦营。先后两次共260户锡伯散丁移入索伦营，使其兵源危机得到了解决。今新疆伊犁、霍城、塔城地区的鄂温克人就是清代索伦营兵丁的后裔。

新疆鄂温克族的男服

一花一世界

三部落族群的社会组织

1949年以前的漫长历史时期中，鄂温克族一直处于整个社会大系统的边缘部分，生产力发展不是很快，生活方式与自然完全融合又相对封闭，与之相对应，他们的社会组织形态也演进得比较缓慢。总体上来说，鄂温克人的社会组织形态分这样4个层次：部落、氏族、大家族和家庭，父系血缘是维系其间的纽带。具体到3个族群，则在名称、组织形态等方面又表现出若干不同，反映出三族群在社会演进上的不同。

索伦鄂温克人的社会组织——梅音、哈勒、毛昆

在鄂温克语中，梅音、哈勒、毛昆，就是指部落、氏族、大家族，它们构成了索伦鄂温克人社会组织的不同层级。若干个氏族组成部落，若干个大家族组成氏族，若干个家庭组成大家族。

农区鄂温克族祖先神“霍卓热”神，传说他原是某家的一个长辈，在外出（或打猎）的途中被雷击死，其灵魂走进人家，就会传病于人。必须替其魂立“霍卓热”，病才能好（图/刘玉亮）

索伦鄂温克人从黑龙江北岸迁至嫩江流域以后，共有12个部落，因为多数沿江河两岸而居，所以，都以所居江河名称来命名部落。比如“雅鲁千”，“千”指“人”，“雅鲁千”就是住在雅鲁河流域的人。同样的还有住在诺敏河流域的称“诺敏千”，也称“诺敏部落”；住在阿伦河流域的称“阿伦千”，也称“阿伦部落”；住在音河流域的“音千”，也称“音部落”；住在济沁河流域的“济沁千”，也称“济沁部落”；住在辉河流域的“辉千”，也称“辉部落”；住在伊敏河流域的“伊敏千”，也称“伊敏部落”；住在讷莫尔河流域的“讷莫尔千”，也称“讷莫尔部落”等。

氏族是部落的成员，每个部落由数目不等的氏族组成。但也有个别部落，一个屯既是一个部落，也是一个氏族。索伦鄂温克人有3个比较大的氏族，分别是杜拉尔、涂克敦、那哈塔。3个氏族之间，彼此可以通婚。杜拉尔意为“住在河旁的人”，涂克敦意为“在秃山底下住的人”，那哈塔则是“在山阳南坡的人”的意思，依然是拿氏族所居住的环境来命名氏族。史载索伦鄂温克人的12个部落中，共有12个氏族，其中，古老的氏族9个，后派生出的新氏族3个。迁到嫩江流域以后，氏族已发展到20个。

索伦鄂温克人的20个氏族，包含了62个毛昆，一般的氏族都由2个以上的毛昆组成，毛昆则由若干个“住”组成。“住”就是家庭，也称门户，一个毛昆有多少个“住”无定数，有多有少。毛昆都是以村落为单位居住。

往往一个村落就是一个毛昆。比如阿伦河流域的阿伦千，有杜拉尔、涂克敦、那哈塔3个氏族，共8个毛昆。这8个毛昆，共100来户，分别居住在12个村落中。

管理家族的家族长叫毛昆达，由全毛昆各个“住”的户主来选举产生。当选为毛昆达必须具备以下三条：一是年龄30岁以上，二是要为人忠厚，三是有办事能力且办事合理、公正。除了极少数犯了大错被中途罢黜的以外，通常都是在原毛昆达年老不能胜任的情况下，才选举新的毛昆达。清代时，所属八旗的佐领发给毛昆达一条黄缎带子，毛昆达在召集会议或办事、处理问题时，要把黄缎带子披在身上，黄缎带子象征权力，所有家族成员，都要服从其管理。民国以后，这种标志被取消了。每个毛昆都有自己的毛昆达与萨满，这两者对于毛昆来说缺一不可。

毛昆达通过毛昆达西仍来管理整个家族，毛昆达西仍是最高议事机关，毛昆内的重要事务，都要由毛昆达召集毛昆达西仍来决定，然后由毛昆达具体执行。毛昆达的权力主要是维持习惯法，在召集毛昆达西仍时，毛昆达有权打犯罪的毛昆成员，但权力仅限于60个板子。在索伦鄂温克中，毛昆达西仍制度一直延续到中华人民共和国成立。

使鹿鄂温克人的社会组织
——部落、氏族、乌力楞、斜仁柱（撮罗子）

使鹿鄂温克人从勒拿河上游迁徙到黑龙江流域时，部落组织还没有完全瓦解。当时有一个部落酋长，叫瓦西里·牙克列维奇。他于清乾隆二十六年（1761）去世以后，不再有部落酋长，部落组织随之逐渐消失。其后，各个氏族为了狩猎方便，在各自选定的猎区内自愿结合在一起，组成一个临时的部落，选出一个临时的部落酋长来协调各氏族的狩猎生产和其他有关事宜。这种部落组织不是以血缘关系为主，而是以地缘生产关系为主，

氏族神偶（图/刘玉亮）

所以，部落成员不是固定的，今天在一个地域内游猎，就是这个部落的组成人员，明天游猎到其他地方，就再组建新部落。这种部落是个松散的联盟，是部落组织瓦解以后，由血缘关系转为地缘关系直到消失的一种过渡形式。所以，这个时期部落组织在使鹿鄂温克人的社会中不占有重要地位，甚至找不到一个确切、系统的部落沿革以及部落与氏族之间的直接隶属关系。

使鹿鄂温克人曾经有12个氏族，到1945年后，我国境内共有索罗共、布利拖天、卡尔他昆、固德林等4个氏族。

使鹿部落中作用明显的是乌力楞组织，它比氏族小，相当于历史上的家庭公社，是一个以血缘为联系的家庭组织，若干个乌力楞组成一个氏族。乌力楞在生产上起着决定性作用。当一个氏族在一条大河附近游猎时，它所属的各个乌力楞就分别占有这条大河的各条支流，每个乌力楞都是一个独立的族群，有着独立的猎场或游猎路线。这种乌力楞，其成员包括一个父亲的若干代子孙和这个乌力楞由外氏族娶来的女人，以及儿女亲家等。一个氏族的乌力楞的数量和一个氏族祖先的儿子数量是一致的。使鹿鄂温克人诸氏族共有9个乌力楞。1949年后，乌力楞组织也发生了变化。将之前诸氏族的7个“千”，改建为5个猎区，每个猎区为一个乌力楞，乌力楞各自都有一定范围的猎场，有固定的游猎范围，每个猎区都归各乌力楞所有。相邻的2个猎区之间相距大约100千米。

玛丽亚·索一家在猎民点，背后是他们的斜仁柱，若干个斜仁柱就组成一个乌力楞（图/白兰）

员大会。自瓦西里·牙克列维奇死后，使鹿部落再没有选举部落基那斯，但氏族组织、氏族基那斯仍在延续，并一直存在到1949年以后。

乌力楞的首领叫“新玛玛楞”，这个词的意思是“公道人”或“正确者”。一个新玛玛楞要管理4—8个“斜仁柱”，他由全体成员选举产生，每3年选举一次，由经验丰富、勇敢能干、能说会道的老猎手轮流担任，年轻人绝不能担任。新玛玛楞是整个乌力楞生产的组织者和领导者，同时也是参加者，新玛玛楞不脱离生产，体现了原始民主制的遗风。乌力楞的重大事项由乌力楞会议决定，如果不能解决矛盾，新玛玛楞要向氏族基那斯报告，请求基那斯帮助解决。新玛玛楞每年5月要向氏族基那斯汇报工作。对新玛玛楞提出的问题，氏族基那斯要向地方官呈报。

平均分配与集体生产是乌力楞的根本原则，这一原则不容破坏。每个斜仁柱都是平均分得猎物的单位，不管其成员是否具备劳动能力。使鹿鄂温克人对猎物的观念是：没打着猎物的人，有权先要打中野兽的人的猎物。自己打的都给别人，这样的人，永远都能打着野兽。只顾自己，不顾别人的人，永远打不着野兽。

斜仁柱是鄂温克社会最基层的组织，也就是个体家庭，若干个斜仁柱组成一个乌力楞。使鹿部落林中营地的居所也被称为“斜仁柱”。斜仁柱是由一夫一妻及其所生子女组成的，父亲是一家之主，子女长大结婚后，要从父母的斜仁柱中搬出去，另立新斜仁柱，成立新的家庭。儿子的斜仁柱要建在父母斜仁柱的旁边，女儿结婚后，要到外氏族去，离开这个乌力楞和这个氏族。但是独子和多子家庭的幼子婚后仍然要生活在父亲的斜仁柱里。父亲死后，家长由长子来继承，而家庭财产则由幼子来继承。如果没有儿子，也可分给其兄弟、侄子。家系按父系计算，这是父权制社会的标志，但也存在着母权制社会的残余。在使鹿鄂温克人中，甥舅关系很特殊，外甥可以继承舅父的财产，舅父是外甥的监护人，舅父权在鄂温克社会中获得很高的认同。父亲对儿子的责任是当儿子12岁时，要教他打猎，给他买把旧猎枪。儿子学会打猎后，自己买把好猎枪，就表示成长为一个独立的猎人了。儿子结婚时，父亲要送他10头驯鹿。

使鹿鄂温克人称部落酋长和氏族尊长为“基那斯”，氏族基那斯至少每年要召开一次氏族成员大会，部落基那斯每遇全部落重大问题时要召开全部落成

通古斯鄂温克人的社会组织——尼莫尔

通古斯鄂温克人在俄罗斯境内就与布里亚特蒙古人共同游牧，受蒙古文化影响很深，由于社会发展和阶级分化，通古斯鄂温克人的部落、氏族组织早就瓦解，

至今，生活在俄罗斯境内的鄂温克人仍然有自己的氏族旗帜（供图/乌热尔图）

牧区鄂温克人居住的包，包壁用柳条编制，用皮钉钉成可折叠的“哈那”，包顶有天窗。各接合处都用皮条紧缚。夏季用苇子编成的帘子围包，冬季用毛毡围包。通常坐落在地势较高处，门朝南（图/庞雷）

原始思维观念逐渐淡薄。来到黑龙江南岸以后，除了尼莫尔这样一种介于社会与经济之间的组织外，没有其他原始部落、氏族的踪迹可寻。人们只依稀了解，在根特木尔时期，通古斯鄂温克人共有15个氏族，但对这些氏族的名称却一无所知。

尼莫尔是通古斯鄂温克人的社会组织，也是社会经济单位，类似于乌力楞和毛昆。通古斯鄂温克人的每个小家庭，就是通过尼莫尔的形式联系起来的。一个尼莫尔由多则十几户、少则三四户家庭组成，是个放牧的小集团。一个尼莫尔的放牧场和打草场都是公有的，所有尼莫尔成员共同迁徙、共同驻牧、共同打草、共同储运。总之，共同使用草场。一般相邻尼莫尔的牧场之间会有2千米左右的缓冲地带。

现在通古斯鄂温克人中，共有6个尼莫尔，12个大姓。莫勒格尔河苏木通古斯鄂温克人共有70多户，分为两个巴嘎（村）。哈吉巴嘎有3个尼莫尔，塔拉甘巴嘎也有3个尼莫尔。

在漫长的历史进程中，随着居住地的不断迁徙，鄂温克族三部落的生产方式发生了不同程度的变化，相应地其社会组织也呈现出不同的社会发展阶段的特征。但是，无论处于哪个阶段，这些社会组织都适应了当时生产力和生产关系的要求，紧紧地把鄂温克族作为一个民族整体黏合在了一起，使这一人口较少民族得以穿越波诡云谲的历史之海，一直走到今天。

关于族称的有趣问答

鄂温克人称“玛尼克尔”（鄂伦春人）为“特格”，鄂伦春人称鄂温克人也叫“特格”。在鄂温克人看来，在河边住下的人才叫“特格”，河边的人有马，而他们在山上过着游猎生活，还养着驯鹿群，他们才是真正的“鄂伦千”（有驯鹿的人）。

使鹿鄂温克人还以他们见面时的互相问话来证明这一点。他们是这样问答的：

“西，鄂伦千？”（你是有驯鹿的人吗？）

“毕嘿恩。”（是或有。）

“阿底鄂伦其？”（有几头驯鹿？）

“将鄂伦其。”（有10头驯鹿。）

因此，使鹿鄂温克人说：“我们才是真正的鄂伦千（有驯鹿的人）。”

鄂伦春人与鄂温克人见面时经常问：

“西纠伊勒？”（你家在哪儿？）

鄂温克人回答：“屋罗勒。”（在山上。）

鄂温克人同样问，鄂伦春人回答：“特格。”（在河旁。）

鄂温克人以此为根据，认为鄂伦春人叫自己为“鄂伦千”名不副实。

鄂温克族历史大事年表

年 代	大 事 记
公元前2000年	根据考古学和民族学材料证明，鄂温克族的祖先居住在外贝加尔湖和贝加尔湖沿岸地区
公元6世纪	东魏武定二年(544)四月，室韦开始派使臣向东魏献方物
公元7世纪	唐朝在鄂温克祖先居住的地方设立幽陵都督府和室韦都督府进行管辖
公元13世纪	元朝征服了“林木中的兀良哈”，归岭北行省管辖
公元15世纪（永乐至正统年间）	明朝在鄂温克族祖先居住地区设立了乞塔河卫、古里河卫、巴塔河卫、脱木河卫、卜鲁丹河卫、出万山卫、托里河卫、阿苏河卫等
公元17世纪初	居住在贝加尔湖西北、黑龙江上游地区的鄂温克族共分三支：一支是居住在勒拿河支流威吕河和维季姆河的使鹿鄂温克部，也称“喀穆尼堪”或“索伦别部”，酋长叫叶雷；第二支是赤塔河、石勒喀河一带的使马鄂温克部，史书称为“纳米雅儿”，其中，白义尔氏族的酋长叫根特木尔；第三支即居住在石勒喀河至精奇里江一带的鄂温克人，酋长叫博穆博果尔，他们被称为“索伦部”，即索伦部本部。上述三支都称为“索伦部”或“索伦别部”
崇德元年(1636)五月	清军阿赖达尔汗统一了使鹿“喀穆尼堪”部，酋长叶雷、舍尔特库、土古奈等向清朝贡纳貂皮
崇德二年(1637)十月	索伦部大酋长博穆博果尔率8人向清朝贡貂皮，臣服于清朝统治者
崇德三年(1638)初	博穆博果尔又向清朝贡献貂皮
崇德三年(1638)底	博穆博果尔因清朝支持索伦部中达斡尔族首领巴尔达齐而不满，从而与清对抗
崇德四年至五年(1639—1640)	清军平定了博穆博果尔的敌对行动，最后统一了以鄂温克族为主体的索伦部地区。1640年，在贝加尔湖以东赤塔地区俘获了博穆博果尔残部900多人。将鄂温克各部以氏族为单位编成牛录(佐)，并在鄂温克等族的村屯中设置章京2人，驻兵丁50名
崇德六年(1641)	清廷赐鄂温克族佐领都勒古尔、达大密、阿济布、讷努克、窦特、布克塔、俄尔噶齐、勒木白德、乌阳阿等朝服，命他们管理鄂温克人户
崇德七年(1642)三月	鄂温克使鹿部头人墨腾格等3人向清朝政府贡貂皮
崇德七年(1642)六月	鄂温克族佐领克尔特米、阿济布等14人到盛京贡貂皮
崇德八年(1643)十月	鄂温克族佐领崇内等向清朝贡貂皮
顺治元年(1644)七月	鄂温克佐领敖尔拖木尔向清朝贡貂皮
顺治三年(1646)六月	鄂温克使鹿部头人喇巴奇向清朝贡貂皮
顺治五年(1648)七月	鄂温克族佐领阿济布向清朝贡貂皮

顺治六年（1649）	鄂温克族佐领博隆科等向清朝贡纳貂皮
顺治六年（1649）十月	鄂温克使鹿部峨罗克屯、贡使尼雅喇乌尔向清朝贡貂皮
顺治七年（1650）七月	使鹿部及索伦部的虎尔格昊尔达尔汉等向清朝进贡貂皮
顺治八年（1651）	沙俄匪徒哈巴罗夫侵入鄂温克族地区，烧杀掠夺（遇到在鄂温克等族地区木城中驻防的50名清军官兵），激起鄂温克等族的反抗斗争
顺治九年（1652）七月	鄂温克族索郎阿达尔汉向清朝进贡貂皮
顺治十年（1653）二月	索伦部落富喇村头目宜库达等向清朝进贡貂皮
顺治十年（1653）	沙俄派武装匪徒侵入尼布楚地区。该地区的部分鄂温克人在氏族酋长根特木尔的率领下，迁到根河与海拉尔河一带
顺治十一年（1654）	鄂温克族索朗噶达尔汉向清朝进贡貂皮
顺治十二年（1655）	鄂温克族参加了抗击沙俄的呼玛尔河口战役
顺治十二年（1655）	鄂温克头人马鲁凯等向清朝进贡貂皮
顺治十三年（1656）十一月	鄂温克头人达尔巴等向清朝进贡貂皮
顺治十四年至十七年（1657—1660）	鄂温克族头人马鲁喀、达把代、胡尔格乌尔达尔汉、查木苏等先后向清朝进贡貂皮
顺治十八年（1661）前后	清朝政府为切断沙俄侵略者的粮食来源，将鄂温克等族从黑龙江北、石勒喀河、精奇里江等地迁到嫩江及其各支流甘河、讷莫尔河、阿伦河、雅鲁河等地
康熙四年至十一年（1665—1672）	有那恩地方29个鄂温克族佐领温察太、木朱虎等以及鄂温克副都统扎木素等向清朝进贡貂皮

严冬拂晓，一只小动物机警地行走在白雪覆盖的林中河岸边。鄂温克族的生活地域，寒冷而不乏诗意（图/德秋山）

康熙五年至六年（1666—1667）	鄂温克人佐领、氏族首长根特木尔与清朝统治者发生矛盾，遂去尼布楚投靠沙俄
康熙八年至九年（1669—1670）	清朝两次派官员到尼布楚令沙俄交还根特木尔，沙俄不交。此事成为中俄交涉的重要问题之一
康熙二十一年（1682）	盘踞雅克萨城的俄匪，把鄂温克等族猎民20人骗入雅克萨，将他们烧死，抢走他们的马匹等财物
康熙二十二年（1683）	将顺治年间迁至布特哈地区的鄂温克人分成5个“阿巴”（围场），设鄂温克总管和副总管，直属理藩院管辖
康熙二十二年（1683）	调1000名鄂温克士兵携眷驻守黑龙江城
康熙二十二年（1683）七月	鄂温克族总管博克等在沙俄敌阵中招降了30多名匪徒
康熙二十四年（1685）二月	在清朝全面反击沙俄侵略的斗争中，鄂温克副总管乌木布尔岱抵雅克萨侦察，生擒俄匪7名
康熙二十四年（1685）四月	清军自墨尔根至雅克萨设立许多驿站，每站由20名鄂温克士兵驻守
康熙二十六年（1687）	派1000余名鄂温克官兵驻防墨尔根城
康熙三十年（1691）	将布特哈地区5个围场的鄂温克人，编为5个旗，47个佐
康熙三十四年（1695）	黑龙江将军在墨尔根城为鄂温克族子弟设立了一个学满文的学校，有助教官教学
康熙五十四年（1715）	派500名鄂温克、达斡尔兵协助平定准噶尔叛乱势力，经呼和浩特去推河
康熙五十七年（1718）	又派鄂温克、达斡尔兵500人到克鲁伦河征讨准噶尔叛军。鄂温克族在康熙年间征讨准噶尔部期间共出兵2276人
康熙五十七年（1718）	鄂温克族地区暴发大山洪造成水灾
康熙五十九年（1720）	鄂温克族地区发生火山爆发、地震
雍正十年（1732）	从布特哈打牲部抽调1636名鄂温克官兵去呼伦贝尔草原（即今之鄂温克族自治旗一带）驻防边疆
雍正十一年（1733）正月初三	布特哈打牲部鄂温克族地区发生大地震，地裂横2.5千米，纵1.5千米。之后，附近15千米内的鄂温克人全部迁走
雍正十三年（1735）	击败准噶尔后，在中俄边境乌里雅苏台驻有鄂温克官兵2000名，由副都统衔巴里孟古翟三管辖
乾隆元年（1736）正月	驻在鄂尔浑河（今蒙古境内）的鄂温克等族官兵有2000名
乾隆四年（1739）七月	由鄂温克族首领博尔德率鄂温克官兵1000名前往乌里雅苏台驻防
乾隆十三年（1748）	1000名鄂温克士兵去四川参加大小金川战役

乾隆十九年（1754）	鄂温克族地区遭受水灾
乾隆二十年（1755）	鄂温克兵去新疆平定阿睦尔撒纳与达瓦齐叛乱。由副都统额勒登额率1000名鄂温克官兵作战。后又派兵分两路：北路有鄂温克、巴尔虎兵8000人，西路有鄂温克、巴尔虎兵3000人。同年，派500名鄂温克士兵驻防伊犁
乾隆二十一年（1756）	授征新疆有功之鄂温克侍卫头领博尔本察为内大臣
乾隆二十三年（1758）	派1000名鄂温克族官兵驻防乌里雅苏台，另派1000名驻防乌鲁木齐等处
乾隆二十四年（1759）	派500名鄂温克官兵驻防喀什噶尔
乾隆二十四年至二十五年（1759—1760）	在征讨霍集占的战役中，鄂温克官兵立功。1760年，鄂温克总管萨垒因征新疆有功，授呼伦贝尔统领。莽喀察被升为头等侍卫，并被赐了“丹巴巴图鲁”称号，被调入朝廷任职，其像绘于紫光阁内，载入功臣史册
乾隆二十九年（1764）三月	派鄂温克总管诺门察率500名鄂温克官兵至乌里雅苏台驻防
乾隆三十三年（1768）正月	派2000名鄂温克官兵去云南
乾隆三十三年（1768）二月	征缅甸，派鄂温克官兵1000名从征
乾隆三十三年（1768）十二月	又派2000名鄂温克官兵去云南
乾隆三十八年（1773）	第二次又派4000名鄂温克官兵去四川大小金川地区，由鄂温克族著名指挥官海兰察率领，在大小金川立了功。清廷赐海兰察“绰勒霍勒科巴图鲁”名号
乾隆四十九年（1784）	鄂温克官兵由海兰察率领去甘肃等地作战
乾隆五十二年至五十三年（1787—1788）	海兰察率鄂温克官兵去台湾作战
乾隆五十三年（1788）	鄂温克族地区遭受大水灾
乾隆五十四年（1789）	海兰察被升为正白旗蒙古都统
乾隆五十六年（1791）	鄂温克官兵1000名，由海兰察率领经青海进军西藏，征讨外国入侵者廓尔喀人，立大功。海兰察被升为一等公，胜利回京后病死，被批准进入昭忠祠
道光六年（1826）七月	派鄂温克马队2000名去新疆平定张格尔的入侵
同治八年（1869）	在新疆塔尔巴哈台的雅尔玉尔地方，当时有鄂温克等族官兵3400余名
光绪二十七年（1901）	沙俄在今呼伦贝尔市内铺设了一段东清铁路，为兴建铁路圈占了铁路沿线鄂温克族的猎场、牧场和房屋，原住雅鲁河两岸的3个旗16个牛录（佐）17个村子的300多户人家破产，被迫迁到济沁河萨玛街一带
1906—1921年	呼伦贝尔善后督办公署（后改道尹公署）先后在海拉尔成立呼伦县，在珠尔甘成立奇乾县，分别管辖辉河和额尔古纳河、莫尔格河的鄂温克族。在嫩江地区成立布西设治局和西布特哈总管公署，管辖布特哈、阿荣、莫力达瓦等地的鄂温克人

根河流域湿地的秋天，树叶黄了，秋水湛蓝，林中，似乎有驯鹿的铃声响起（图/曹秋思）

1912年	呼伦贝尔地区的上层分子与沙俄勾结，搞分裂祖国的阴谋活动，建立了反动的“呼伦贝尔自治政府”，后于1920年被张作霖废除
1931年	日本侵占我国东北。在中国共产党领导下，鄂温克族和东北当地各族人民一道参加抗日斗争
1932年	日本侵略者将呼伦贝尔四县改设成旗，建伪“兴安北分省”，分设索伦左、右旗等；撤销布西设治局、西布特哈总管公署，建伪“兴安东分省”，设立莫力达瓦、巴彦、阿荣、布特哈等旗。各旗均由日本参事官控制，对鄂温克等族进行法西斯统治
1942年	辉河的30多名牧民与日本警察、特务进行了坚决斗争
1943年	阿荣旗查巴奇鄂温克人发生伤寒病，死亡100多人；日本侵略者以打预防针为名，在辉河地区进行细菌试验，一次注射致死200多人
1944年	日本侵略者关押一名鄂温克人长达一年，注射细菌，释放后回到西辉河，致80多人受传染死亡
1944年	额尔古纳旗鄂温克族苦工打死数名残虐自己的日本监工
1945年	额尔古纳旗的鄂温克族猎民举行起义，将大兴安岭的30多名日本指导官全部打死
1945年8月	抗日斗争转入最后阶段，日本关东军被消灭，鄂温克族人民结束了为期14年之久的殖民地生活，获得自由解放

注释：本表来自《鄂温克族简史》（民族出版社2009年版）一书，略作校订。

我生活的这片森林

安塔·布口述，德柯丽、于兰整理

1929年6月，英国剑桥大学学者琳达·格林女士与助手奥斯卡·玛曼抵达了使鹿鄂温克部落。这两位年轻学者是由达斡尔人郭布勒·海山担当向导的，在此后短短3年左右的时间里，他们又多次深入鄂温克人的营地进行人类学调查，他们两人也结为了夫妇，直至1932年6月才离开那里。琳达·格林夫妇离开呼伦贝尔前夕，日寇的铁蹄已踢开了中国东北的大门，据说这位富有正义感的学者，为了防止入侵者利用她的社会调查资料，所以回国后一直没有发表此次的调查研究成果，而是潜心于教学活动，直至告别人世。

如今，在英国剑桥大学考古学和人类学博物馆里保存着琳达·格林的考察影集，在她20多部影集中可以找到2700多张在中国拍摄的图片，其中包括一定数量的使鹿鄂温克人生活场景的照片，另有一部用英文撰写的《驯鹿通古斯笔记》。

2013年，票德尔·布的女儿安塔·布与琳达·格林的后人一起观看拍摄于1932年的老照片

1932年，我的叔叔秋林的女儿和驯鹿（图/琳达·格林）

2013年，琳达·格林的后人把部分照片编辑而成的画册带到了敖鲁古雅，敖乡的安塔·布老人从中找到了自己的爷爷、父母和兄弟姐妹七八十年前的形象，通过翻阅这些珍贵图片，她和这些亲人穿越时空团聚了。

我叫安塔·布利托天，安塔是我的名字，布利托天是我们使鹿鄂温克一个古老的姓氏，据说300多年前我的祖先中一个叫马克辛姆·布利托天的人，作为首领带领着族人从黑龙江以北来到了大兴安岭。我的阿迷（鄂温克语：父亲）在我小的时候经常对我们说在额尔古纳河的对岸还有许多的鄂温克人，他们和我们一样以狩猎为生，饲养着很多驯鹿。1913年的时候，我们布利托天氏族大概40户人家迁回了对岸。今天只有布利托天、固德林、索罗共、卡尔他昆四个氏族200余人在大兴安岭与驯鹿为伴了。

我额妮（鄂温克语：妈妈）说我出生后是在东正教堂洗过礼的，是东正神父赐我这个名字的。我对东正教没有太多的了解，我还是信仰着与鄂温克人森林生活息息相关的萨满教，并且遵从着她的智慧。

我的爷爷是萨满，那时候，每个氏族都会有自己的萨满。我爷爷算是当时鄂温克人当中最厉害的萨满了，他名叫票德尔·普日考维奇·布利托天，我爸爸的名字叫票德尔·布利托天。后来为了便于区别，在各类研究文本中爷爷被记载为老票德尔。但鄂温克人出于对老人尊重，是不会称其名字的，无论是对外还是对内。

后来，有人告诉我在德国的博物馆看到了我爷爷的照片，从此我就一直期待着有一天能够看到，我知道是一个叫琳达·格林的英国女人拍的。

左图：1932年，票德尔·布的妻子，我的母亲玛特廖娜和儿子的合影（图/琳达·格林）
中图：1932年，我的大姐玛丽雅·布和二姐巴莎·布的合影（图/琳达·格林）
右图：敖乡百岁老人——我的大姐玛丽雅·布和二姐巴莎·布

1929年的时候，一个英国学者带着她的挪威助手玛曼来到我们的营地，她的名字叫琳达·格林，一个高个子蓝眼睛的女人。她的蓝眼睛像极了我表叔秋林，秋林也有一双蓝色的眼睛，“秋林”在鄂温克语里就是蓝色的意思，所以我的爷爷为他起了这个名字。琳达·格林在我们的营地待了一个月的时间，她学会了鄂温克语，和我们一起干活，为我们拍照。1932年，琳达·格林和她的助手又来了，这次助手玛曼成为了她的丈夫。2013年，敖鲁古雅举办了第十届世界驯鹿养殖者代表大会，最给我惊喜的是琳达·格林的后人也来到敖鲁古雅。在他们带来的画册中，我认出了我的家人——1931年时的我爷爷、我父亲、我母亲和我姐姐哥哥们。这些照片让我感慨万分，我已经70多岁了，没想到在有生之年还能经历这样的“团聚”，我更没想到的是我从来没见过的爷爷在照片中是那么年轻帅气。

我爸爸是家族里的长子，在认识我额妮前结过婚，前妻在生孩子的时候难产死去。我额妮姓索罗贡，名字叫玛特廖娜·索罗贡，她很小就没有了母亲，跟着贫穷的爸爸生活。在两个营地的聚会上，姥爷相中了枪法第一的票德尔。姥爷对我额妮说：“他是个勤劳能干的男人，更是一个优秀的猎人，他会把你照顾得很好。”于是额妮在14岁的时候就嫁给了我的爸爸，爸爸那时已经快30岁了。我姥爷在我额妮怀孕之后从很远的另一处营地赶来看女儿，额妮对姥爷说：“爸爸我有孩子了。”孤苦伶仃的姥爷欣慰地说：“我放心了。”姥爷不久就离开了人世。

我们家有12个孩子，8个男孩，4个女孩，我是最小的。我出生时我的爷爷早已过世了，我因最小而受到家人的宠爱。在我额妮还怀着我的时候，奥乐卡萨满还曾对额妮预言我会是一个大眼睛头发浓密的女孩，果然我就是那个样子。

额妮在15岁的时候生了我的大姐，我大姐名字叫玛丽雅·布利托天，今年已经108岁了，住在我们乡里的敬老院。据说我额妮在生了我大姐之后，去背冰的时候还像个孩子一样玩滑冰，等玩够了再抱上孩子背上冰回家。

我出生在森林里，像我的父母一样一生都在森林里以放养驯鹿狩猎为生。放养驯鹿是女人们该干的活，每天循着驯鹿的足印穿行在森林里。营地附近乳白色的苔藓是驯鹿很珍贵的食物，它们生长缓慢，我们不停地搬迁，十天或两个月就要从一片森林搬迁到另一片森林，只是为了给驯

1932年，我的爸爸票德尔·布和我们全家人在撮罗子外合影（图/琳达·格林）

1932年，整理行装的使鹿鄂温克人。我爸爸票德尔·布营地的鄂温克人准备迁移搬家（图/琳达·格林）

鹿寻找食物和水源。我们再回到驻扎过的一片森林往往是要在十年之后。沉寂十年后的森林她会静静地等待着我们，我们十年前的痕迹可能只剩下风雨中陈旧的“斜仁柱”依然不倒的木杆了。

夏天的时候，蚊虻肆虐，森林里热得没有风，我们点起蚊烟；林子里驯鹿白天栖息，夜晚觅食；男人们开始夏季长时间的游猎，他们有时一出猎就是一个月的时间。快到秋天的时候他们回来了，驯鹿队驮着收获的猎物，那也是我们最为喜悦的时候，我们要平均分配所有的猎物，营地的每个家庭都会获得，而最好的猎物一定是分给年老体弱的人的。

女人们开始晾晒肉干，我们用猎刀把肉割成长条抹上盐晾晒在“斜仁柱”旁的老弯架上，远远看去像是一条条红色的彩带。新鲜的肉条在阳

1932年，我的爸爸票德尔·布带领搬家的鹿群过河（图/琳达·格林）

1932年，我的爸爸票德尔·布和营地的其他男人们在做桦树皮船（图/琳达·格林）

1932年，我的爸爸票德尔·布的晾肉架（图/彼得）

1932年，使鹿鄂温克妇女在打列巴（图/琳达·格林）

光和风中绷了皮，慢慢变成绛红色然后脱干水分，最后变成暗红色干硬的肉干。我们把肉干收集起来放在皮口袋里，孩子们这时候会自己随手削根木条，把肉干穿上，在火堆边烤肉吃。有了空闲，女人们还要熟皮子、缝制鹿皮衣裤、制作桦树皮器具。

秋天，林子里不再闷热，清凉的风吹进不再浓密的枝叶，太阳在这个时候越升越高，树的叶子慢慢变黄变红，几场秋雨过后野果子和蘑菇都长出来了。驯鹿吃蘑菇的季节是最累人的季节，它们在林中到处行走，蘑菇使驯鹿变得强壮起来，驯鹿的发情期也就来了，这个时候公驯鹿不再温顺，他们时常瞪着血红的眼睛用已经变得坚硬的鹿角打架。

白雪覆盖的寒冬是这片森林最长的季节，驯鹿在雪地里一点点地刨食苔藓，我们也追随驯鹿不断地搬迁。男人们狩猎、找驯鹿，女人们在家里烤列巴、熟皮子、缝制衣服。我从七岁开始就跟着额妮学习这些，十二岁时我就用鹿皮给全家做衣服，营地里的姑娘谁也没有我做的多。三天我就可以缝制完一副手套，所用的线都是我用鹿筋搓制而成的。六十多年过去了，我依然喜欢为孩子们缝制鹿皮的衣服、手套，有的还被日本、英国的博物馆收藏了。现在他们说鄂温克族熟皮子技艺被定为非物质文化遗产，我是自治区级的非物质文化遗产传承人。无论这项技艺被外人怎么定义，它都已经成为我生活中不可分割的一部分，现在我的女儿德柯丽和其他几位姑娘也都学会了这门技艺。我的孙女阿丽雅和外孙女赛伦雅都已经十岁了，等到再大些，我要把熟皮子技艺再传授给她们。我们使鹿鄂温克族每一项传统技艺都会传承下去。

我现在已经老了，住在山下的

票德尔·布的小女儿安塔·布全家在敖乡家门口

撰稿专家

波·少布，蒙古族，成吉思汗第三十一代嫡孙，黑龙江省民族研究所研究员。从事蒙古学研究50多年，共出版专著26部，专著主要有：《黑龙江蒙古部落史》《黑龙江满族》《黑龙江鄂温克族》等。另外，发表学术论文150余篇。

房子里，干净而温暖。我总是在想鄂温克人以前的日子是那么的艰苦，缺医少药，我的亲人们有的在孩提时就夭折了，我的哥哥中有的在行猎途中突发头痛病死在森林里，我的爸爸也冻死在去用猎物交换生活用品的途中，那时他已老迈却依然要为生计奔波以致遭遇不幸。年轻的时候我没觉得有多难多累，现在想起来，那个时候鄂温克人的生活有那么多的苦难，这些苦难同样也是这片森林带给我们的，可是这并不妨碍我们对这片土地的热爱和眷恋。

我的祖先长眠于此，最后融入这片土地、这片森林。鄂温克人说人死去后活着的人不能过于哭泣，那样会带给死者最为沉重的负担，鄂温克人是要和这片土地融为一体的，鄂温克人终是要为这片土地、这片森林提供养分的。

我的女儿德柯丽和外孙女赛伦雅

我的孙女阿丽雅与驯鹿

《黑龙江鄂温克族》

扫描二维码，
阅读专家代表著作的电子版

作为人神间使者的萨满，这一刻处于冥想状态（供图/乌热尔图）

第3章

与神灵签约

宗教

本章主撰稿人：黑龙江省民族研究所研究员　都永浩

萨满教出现于母系氏族社会的某个阶段，氏族酋长兼任萨满。当时，萨满由女性担任并成为传统被传承。萨满神裙、神帽上的五颜六色的布条和飘带，前额的丝锦垂缨、神衣袖上的镶边，以及神衣下摆的数排铃铛、装饰铃等，都与女性服装上的装饰品相似。

萨满教是鄂温克人历史上的原始信仰，因南迁后居住地域和生活方式的改变，以及受其他民族的影响，其他宗教也逐渐被鄂温克人接受。索伦鄂温克人以信仰萨满教为主，辉河流域的索伦鄂温克人有信仰萨满教的，也有信仰藏传佛教的；使鹿鄂温克人的信仰中，萨满教之外，还有东正教；通古斯鄂温克人中则是萨满教、藏传佛教、东正教都有各自的信众。三大部族，多种信仰，但他们共同的交集只有一个——萨满教。

在今天的鄂温克人中，萨满教信仰的文化遗迹仍然俯拾即是。在鄂温克人的习俗、传统生产、文学艺术中，萨满教的影响依稀可见，萨满教对鄂温克人的影响极为深刻。甚至在20世纪中叶，鄂温克族聚居的辉苏木还有50个萨满，查巴奇乡剩下了8个萨满，通古斯鄂温克人聚居地区，仍有30多位萨满。

大部分鄂温克人长时期从事的都是原始狩猎生产，在极端艰苦的生存环境中，个人的能力再突出，离开氏族都难以生存，对鄂温克人来说，氏族意味着一切。只有团结整个氏族，全部落共同努力，才能获取猎物，延续族群。而要团结氏族，协调规范每一个成员的行动，必须有一个统一的精神，一种共同的信仰。萨满教就是这样的信仰。以萨满教为依归，鄂温克族形成了自己的一些习惯法和生产、生活、语言、服饰、居住、祭祀等等多方面禁忌，并以此来规范个体行为，塑造整个民族的精神风貌。

狩猎民族的原初信仰

鄂温克族的萨满教信仰一直持续到二十世纪中叶

萨满教是一种历史悠久的原生性宗教，曾广泛分布于我国北方阿尔泰语系的诸民族之中，随着社会条件的改变，喇嘛教和伊斯兰教开始影响这些民族，并取得了主导地位，萨满教的地位日渐衰落。但在鄂伦春族、赫哲族、鄂温克族、达斡尔族中，直至20世纪，萨满教的影响力依然强大，其中的鄂伦春族、赫哲族单一信仰萨满教。个别地区的蒙古族，萨满教的影响持续到1949年。

上图：鄂温克族曾有狩猎民族的称呼，打枪是鄂温克男人必备的技能（图/卢青山）

下图："童孙未解躬耕织，也傍桑阴学种瓜。"虽说是椒木棍，可拿在鄂温克男孩手里，照样有模有样（图/白兰）

与北方其他民族的萨满教文化相比，鄂温克族的萨满教文化在诸多方面与之存有共性。这些方面大体包括了萨满的选择、传承及其职能，萨满教信仰的主要内容以及祭祀活动等。

智者的使命

有学者认为，"萨满"一词在鄂温克语里的意义应为"智者"或"智慧的人"。那么这些智者在族群中要担负怎样的使命呢？满都尔图先生在《鄂温克族的萨满教》一文中，将其概括为消除灾祸、驱鬼治病、祈求丰收这三大使命，此外，传承民族历史也是他们所要担负的重任。这四大任务，其实也是上述几个北方民族中萨满的共同职责。

消除灾祸，目的是要保护氏族的安全，减少死亡。在原始社会，人口数量对氏族的影响是巨大的，只有保持一定数量的人口规模，才能维持氏族的发展和安全。所以，鄂温克族萨满每3年就举行一次奥米那仁祭祀，以祈祷氏族能逢凶化吉，人口稳定增长。这是萨满所有职能中最为重要的。当氏族成员生病时，萨满有治疗的义务，这自然也是为了维护氏族安全、保持氏族力量。鄂温克族萨满治病有很多办法，概括一下，不外乎物理、精神两类疗法。一些简单的民间医术被萨满掌握，比如使用一些草药，用拔罐、针灸、按摩等办法治疗病痛，用冷水或冰降低体温，用熏蒸法排汗、降温或排除病毒，把动物皮覆盖患处排毒解热，用热敷的办法消肿

大蛇的传说

很久很久以前，在一条大河附近，有一个大湖。大湖的日出方向有个河口，河口水深，里面住着大蛇。蛇从天上来，15米长，有两只犄角。在湖岸上，大蛇遇上留辫子的人，怀了孕，生育了儿女，儿女繁衍为鄂温克人。讲述这样的故事，也是萨满的职责

散瘀，用酒或冷水敷于患处止痛等。精神疗法是原始社会中重要的治疗方法，当时人们普遍认为因为行为不当而得罪神灵鬼魅是人得病的原因，所以要禳神驱鬼，为此萨满就要举行复杂的仪式，一方面驱走有害的灵鬼，同时也要请来一些神灵帮助萨满施法。跳神治病是精神疗法中极其重要的一项内容。

狩猎和采集事关整个氏族的生存。只有打到野兽有肉吃，人才能活下来。鄂温克猎民打不到野兽时，萨满会组织猎民祭祀白那查神（山神，掌管野兽），请求它赐予猎物。萨满还要善于观察掌握动物习性，利用地貌特点、天象变化的规律来指导组织狩猎生产。总之，萨满要千方百计地使猎民猎获丰收。

要获取这些天赐之物，自然要依赖祭祀等宗教活动和仪式。萨满也是祭司，要主持各种祭祀。如熊祭、敖包祭、祭火等主要祭祀活动，萨满确定祭祀的时间、地点、内容、规模、祭品种类，并主持祭祀。在这些祭祀中，萨满就成了非神非人的通灵者。

没有文字的民族，历史事迹、文化的传承只能依靠口耳相传，作为社会精英的萨满，传承本族群的历史事迹和文化就成为其首要的责任。无论赫哲族还是鄂温

新萨满的“加冕”礼

新萨满要经过伊德希仁仪式方能成熟。“伊德希仁”一词，有“成熟”或“萨满成熟仪式”等含义。这一仪式，每年举行一次，每次3—5天，连续举办3年后，新萨满才能独立跳神行医、主持各种仪式。也就是说，从那时起，新萨满才成为特吉（正式）萨满。此前，新萨满只能戴红头巾，没有资格戴神帽。伊德希仁仪式在新萨满家举行，仪式的内容与奥米那仁相似。届时左邻右舍的人都来参加。没有举行过伊德希仁仪式的萨满叫“布图萨满”，“布图”也就是没有得到开启的意思。

农区鄂温克萨满的萨满帽，类似“五福冠”的造型，它表明在与周边民族的接触中，农区鄂温克的萨满服饰出现了根本性变化（图/庞雷）

克族，他们的民族历史都是由萨满一代一代地传承下来的。萨满把民族历史编成神词传唱，民族历史借此得以代代传承。

毫无疑问，在信仰萨满教的北方诸民族中，萨满是氏族的精神领袖、智慧的化身、力量的源泉，必然受到全氏族成员的敬畏。如此重要的神职的遴选、传承，自然有着它特殊的仪轨。萨满产生有三种方式：神灵遴选、世袭传续和久病难愈而萨满附体得治。这同样也是所有信奉萨满教的北方民族选择萨满的方式，这三种继承形式，实际上是统一的。三种方式间有很多共性，重点是在"久病难愈者"中的骤然痊愈者上，这类人是萨满的主要候选者。因此，那些突发疾病、病态反常、久治不愈、一旦许诺当萨满却立刻就好的人就成了萨满传承的重要对象。

拜天拜地拜祖先

萨满教是基于万物有灵论的原始宗教信仰，它的神灵谱系极为庞杂。满都尔图先生将萨满教的信仰核心归纳为自然崇拜、图腾崇拜和祖先崇拜三大类。三大崇拜普遍存在于北方诸民族的萨满教信仰中，有所区别的只是具体崇拜对象的种属不同数量多寡不一而已。

从当代鄂温克萨氏家族的祭祖仪式中仍可见到萨满文化的影响（图/苏伟伟）

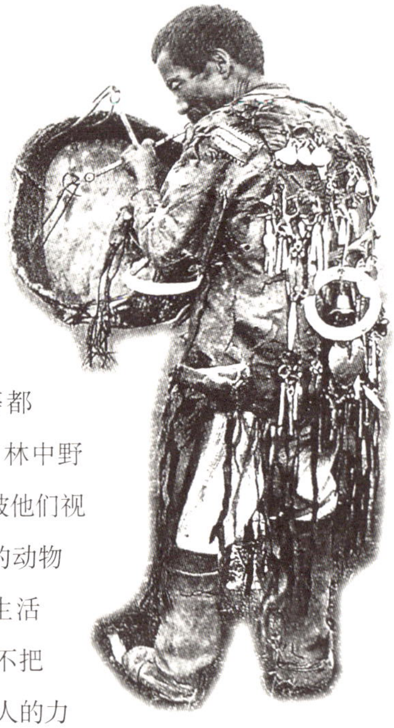

正在举行祭祀活动的萨满。这样的影像如今只存在于历史的记忆里了（图/刘玉亮）

鄂温克族、鄂伦春族、赫哲族等都是狩猎捕鱼民族，林中野兽、水中游鱼向来被他们视为衣食之源，他们的动物崇拜显然和渔猎生活联系在一起，他们不把猎获到野兽视为个人的力量所致，而是视为主宰野兽的神灵所赐。他们同时认为，某些猛兽具有神性，甚至可以成为图腾，成为人类的先祖，能保护人们不受到危害，可以帮助人们狩猎丰收。在这一逻辑下，有些动物被人们猎取的同时又被崇拜也就可以理解了。因为吃掉这些动物，也就表明祖先与己融为一体。那些被他们经常猎取的动物，他们一方面认为是这类动物的首领把它们送来的，同时又怀有某种不安、愧疚的心理，一旦自己或族人患有急症，就认为是这些野兽的精灵在作祟报复，需要供祭来求得其宽恕。在这样的心理因素的叠加影响下，一个庞大的动物神系就诞生了，至今我们都能看见流传下来的不少动物神偶。赫哲人崇拜鱼，鄂温克人崇拜鸟，林林总总，不一而足。萨满教还有关于动物生命复生的信仰，在萨满的精神世界，魂和兽骨可以使生命再生，归魂于骨再生生命是萨满法术中追求的主要目标。这就可以解释鄂温克族在进行对熊、驯鹿的风葬仪式时，它们的骨头一块也不能少，需要归拢在一起的缘由了，这方面的要求是十分严格的。在原始的狩猎民族中，对动物的敬畏心理，恰恰反映了原始民族对现实的迷茫和畏惧，以对动物的食用禁忌、风葬习俗来消除对严酷现实的诸多不安，获得心理上的平衡和安慰。对于萨满，死后也进行风葬，并把风化的尸骨放置在一个小桦树皮篓里，作为神灵祭拜。

“随着人类同动物周旋经验的丰富和狩猎技能的提高，特别是通过动物驯养，人们逐渐增长了猎获动物的技术和信心，动物首领变得不那么神秘可怕了。但狩猎生活的不安全感和不稳定性依然存在，人们仍无法把握自己的命运，于是又为自己找来另外一类生活主宰，即以山神、水神、海神为象征的狩猎神，自然崇拜与动物信仰发生了结合。”（孟慧英《中国北方民族萨满教》）天有天神，风有风神，雨有雨神，火有火神，譬如前述的鄂伦春、鄂温克、达斡尔等民族崇拜的山神“白那查”就是自然神的一种，它或为人形或为动物，人过其境不得喧哗，否则会遭致山神不满，对狩猎不利。当一切的自然力量都以神的面目映射在鄂温克等信仰萨满教的北方民族的生活中时，自然崇拜就是再正常不过的文化现象了。

至今，我们对人类的起源都有诸多的疑问，何况早先的人们。通古斯语族的先民常将某种特定的动物视

刻在树干上的白那查神，鄂温克猎民认为他是掌管山林动物的山神，当狩猎没有收获时，萨满会领着大家祭祀白那查神（图/庞雷）

祖先神斡卓日神

鄂温克语“斡卓日”意为“根子”，也就是“祖先”的意思，所以，斡卓日神就是祖先神。它是鄂温克人的祖先被雷击死后变成的，也是萨满的重要尊神。斡卓日神的神像绣在一块长方形的蓝布上，蓝布的上方左侧是太阳，右侧是月亮，中间是用灰鼠皮做的两个眉毛。蓝布的中间是9个布制神偶，摆成一字形横排，从左侧开始，5个金色的布偶是女神偶，接下排的4个银色布偶是男神偶。蓝布的下方有两条龙，龙头相对。斡卓日神除了萨满供奉外，各户也有供奉的。斡卓日神能保护民族的安全，为民族驱鬼镇邪。祭祀斡卓日神当在每年的农历三月初五日和八月十五日。

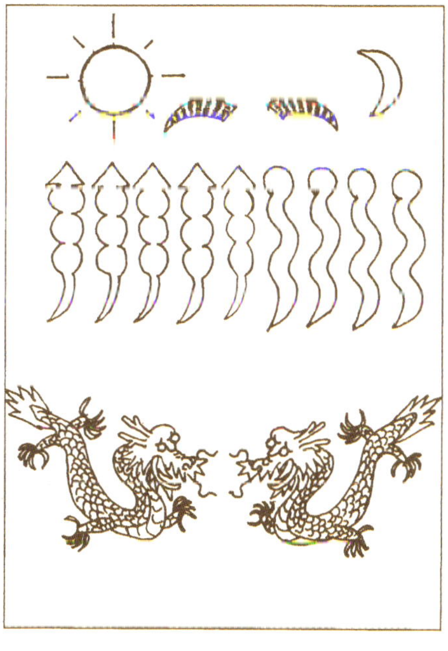

（绘图/刘玉亮）

作自己氏族的先祖，还认为某种动物曾保护过、拯救过自己的氏族，而对其进行崇拜，所谓图腾崇拜便这样随着氏族的产生而产生了。呼伦贝尔牧区的部分鄂温克人至今还能朦胧追忆他们各氏族的图腾，而在赫哲族萨满的各种神具上，有鸟、鱼、龟、蛇、蜘蛛、蝎子等动物图案，其中有一些就是图腾崇拜的遗迹。直到母系氏族社会的晚期，尤其在父系氏族社会中祖先崇拜兴起以后，图腾崇拜才逐渐消失，在萨满教领域中只留下了某些残迹。

鄂温克族、鄂伦春族和达斡尔族的每个氏族都有自己的祖先神，这是萨满教灵魂观念的产物。当氏族首领、年高辈长者或对氏族有过重大贡献的人死去，基于灵魂观念，人们期待他们的灵魂依然能佑护氏族成员而对他们加以崇拜，祖先崇拜便这样产生了。

三大崇拜构成了萨满教信仰的主体内容，透过它们我们依然可以看到的是北方特殊的地理环境和与之相适应的生产生活方式施加于北方诸民族身上的影响。

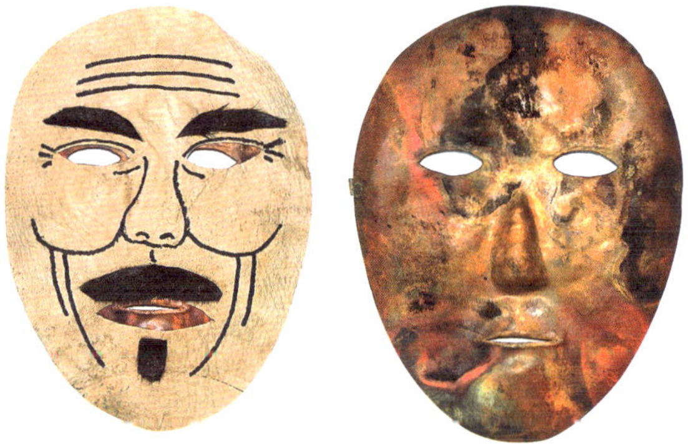

祖先面具神(图/庞雷)

吉雅其神

吉雅其神是牲畜保护神，也是运气之神。吉雅其神出现较晚，是鄂温克社会从狩猎生产转入游牧生产以后出现的神祇，它的主要职责是保护牲畜不得疫病，使牲畜繁衍发展，并且给人带来好运气，所以人们都供奉吉雅其神。传说吉雅其神是一个赶马途中被雷击死的达斡尔老牧民，达斡尔人先为他立了神位，后来又传入鄂温克地区，成为鄂温克人的神祇。供奉吉雅其神时，也要祈祷斡卓日神。供奉吉雅其神的方法如下：在一块方形的毡子上，用偷来的（不准索要，索要的不灵）种马的鬃尾，绣成两个人形，两个人形中间缝一个小布口袋，口朝上，用以盛装供品，然后把它挂起来。祭祀吉雅其神的时间各地不尽一致。索伦鄂温克人，居住在辉河流域的每年农历正月十五日或六月份祭祀，居住在布特哈地区的每年农历三月初五或八月十五日祭祀。通古斯鄂温克人在农历十月初祭祀，而且分两次祭祀，白天祭祀主西方的吉雅其神，即马神；夜间祭祀主东方的吉雅其神，即牛神。在使鹿鄂温克人中，目前还没有发现有关祭祀吉雅其神的记载。

吉雅其神。据说该神可以赐人以牲畜，保佑人畜兴旺，每年特定的日子，要以粟米或大米粥祭祀(图/庞雷)

通古斯鄂温克族萨满神服、神帽(图/庞雷)

牧区鄂温克族萨满神服、神帽(左)和农区鄂温克族萨满神服、神帽(下)(图/庞雷)

通古斯鄂温克族萨满服

通古斯部落的萨满服以鹿皮制作，分为长袍和护胸兜两个部分。神帽是以鹿皮镶包铁皮做的框架帽，在铁条弯成的圆圈上，以两条弧形铁片相交于帽顶构成“十”字形的帽架，并用红、黄、蓝三色彩线饰于包镶皮上。内衬帽以鹿皮制作，呈瓜皮状。在神帽铁条框架顶部左右的铁条上，镶嵌左右对称的、以铜或铁条制作的枝杈数量不等的鹿角饰，高约20厘米(神帽鹿角枝杈的多少，显示出萨满的不同等级)，在神帽前沿垂饰遮面的鹿皮条，每根长约20厘米，面部所饰皮条宽为1.5厘米左右。萨满神袍为长筒形的对襟式袍服，窄长袖，在双袖下方中间缀饰宽约15厘米、长约18厘米的皮穗饰带，在皮袍的下摆处左右各饰有长约17厘米的双层皮穗条，在皮条饰的上方缀以绿色彩线边饰，在护胸兜的下端边沿也饰有长10厘米、宽约3.3厘米的皮条穗饰带。在萨满神衣各个部位上所饰的各种皮条穗饰，均象征着鹿身上的短毛。在萨满神袍后背两肩之间饰有长49厘米左右、宽8厘米左右的横向铁片，起到横梁支架作用。在横向铁皮两端，又分别有5个向上凸起的爪形装饰，可能为肩部装饰。在背部横向铁片的下边凿出圆孔垂挂蛇造型和象征脊椎骨、骶骨、大腿骨、小腿骨的铁片、铁丝、铁环，使各部位骨胎造型不但能连成一体，也可以自由摇摆而产生活动感。

通古斯鄂温克部落萨满神袍上，缀饰的蛇形造型共有17条，其中小蛇造型有12条，大蛇造型5条。神袍及神帽上缀饰蛇神造型时，是一个蛇形造型和一个蛇皮图案饰带放在一起用，蛇形造型在里边，蛇皮图案饰带盖在蛇形造型之上。在神帽左右对称的鹿角杈上，分上、中、下三层挂饰小蛇形布塑与小蛇皮图案饰带，每层挂2条，左右共为12条，又在其间缀饰红、黄、蓝三色布条。

玛鲁神如是说

几个重要的神灵和仪式

鄂温克族的萨满教信仰虽然与鄂伦春等族有着诸多的共性，但在诸如神灵谱系、祭祀仪式等方面，它又呈现出自己的特点，差异性显著。

无所不管的玛鲁神系统

玛鲁神系统是鄂温克族萨满教信仰的重要神灵谱系，它由12个器物和神灵组成并装在一个圆形鹿皮口袋中，这件装着神与物的皮袋就叫“玛鲁”，“玛鲁”就是这12个神与物的总称，是祖先神。

尽管诸神之间没有明确的从属关系，但是舍卧刻神是主体，是萨满神灵的总代表，是每个家庭的主要神。据使鹿鄂温克人的传说，在刚开始有人类的时候，有一个梳着长辫子的鄂温克人，在勒拿河一带发现一个湖，叫拉玛湖，8条大河注入该湖。在拉玛湖的日出方向有一个河口，水很深，这个人看见湖中有一条15米长并长着两只角的大蛇，是一条从天上下来的神蛇。梳辫子的鄂温克人死后，神蛇附在他身上，就成了舍卧刻神，也成了鄂温克人的祖先神，同时还成为沟通神蛇与人之间的使者（即萨满）。舍卧刻神的神偶，各部落并不一致。使鹿鄂温克人的舍卧刻神，是用“哈卡尔”树木雕成的一男一女两个偶像，用鹿皮或犴皮做神衣，套在木偶外边。通古斯鄂温克人巴亚基尔和杜立给特两个氏族的舍卧刻神，也是一男一女，男性神用松木制作，用

使鹿鄂温克玛鲁神，为众神之统称，包括12种神偶和神物，主神为舍卧刻，副神有小鼓、嘎黑鸟、玛卧格特、驯鹿笼头、灰鼠、刻如那斯、水鸭、舍利神、乌麦神、阿隆神、熊神，它们一并装在用桦树皮做的盒子内，即称玛鲁，供奉在斜仁柱东北角或西北角的树杈上。出猎前后，将部落供奉的玛鲁神从树杈上取下祭祀；搬迁时要用专门的驯鹿驮载玛鲁神走在队伍的最前面（图/庞雷）

使鹿鄂温克的祖先神——舍卧刻神正面和背面（上），通古斯鄂温克的祖先神——舍卧刻神正面和背面（下）（图/庞雷）

狍皮包裹；女性神是用薄铁片剪成的完整人形，缝在绿色布衬上。阿伦河流域杜拉尔氏族的索伦鄂温克人的舍卧刻神，是最原始的神偶，用直径10厘米、长67厘米左右的桦木制作，神偶粗具人形，五官略具，身体也只是个圆木，既无手也无腿。玛鲁神系中，除了舍卧刻神外，还有舍卧刻神所喜欢的动物和各种用具，具体包括嘎黑乌、灰鼠、刻如那斯、水鸭、驯鹿笼头、玛卧格特、小鼓和舍利神、乌麦神、熊神、阿隆神等。其中，前7个包括了4个小动物和3个器物，是舍卧刻神所喜爱的，后4尊为神祇。玛鲁神的神职广泛，无所不管。

鄂温克族人经常祭祀玛鲁神，使鹿鄂温克人的斜仁柱里还有专门的玛鲁神位，即正对门的铺位，这是一个尊位，妇女被禁止到其附近，更不能越过其上方。玛鲁神平时要放在斜仁柱外，挂在斜仁柱东北或西北方的树上，祭祀时拿到斜仁柱里来，摆在玛鲁神位上。黑龙江的鄂温克人把玛鲁神供在外屋锅台的上方，在接近屋顶的地方架一块横板，玛鲁神就摆在横板上，祭祀时就地烧香叩头。

使鹿鄂温克人祭祀玛鲁神要用野兽（主要指鹿、犴）的头、食道、心脏、肝、肺来作祭品，第一天将祭品放在斜仁柱内玛鲁神位前铺放的“奥格塔恩”（鄂温克语，一种树条儿的名称）上，头放于右端，其他依次摆放，然后用驯鹿的鞍屉苫盖上，不能让人看见。第二天，从斜仁柱外将玛鲁神请进来，将12位神摆好，再掀开苫皮。把祭品鹿心切开，将鹿心血涂于每位神偶口中。接着把所有祭品煮熟后再放回原地。最后向火堆里放卡瓦瓦草和供肉使其冒烟，再把玛鲁神在烟中熏一下除污后，放回斜仁柱外东北或西北方的树上挂起来。祭祀结束后，按乌力楞户数分食祭品鹿心。黑龙江的鄂温克人祭祀玛鲁神，用肉、面食、糕点作祭品，直接摆放在祭神板上，然后烧香，跪拜叩头。通古斯鄂温克人祭祀玛

儿童的保护神——乌麦神，长10厘米，高[illegible]厘米（图/庞雷）

鲁神，用肉、乳制品作祭品，供祭时往火里投鹿或犴的油，发出嗞嗞的响声并散发出浓醇的香味，使玛鲁神能直接感受到人间的祭祀，以便给氏族带来好运。

玛鲁神是萨满的尊神，在古代，只有萨满有资格供奉玛鲁神，其他人都不准许。后来随着部落的解体、氏族制的加强，加之玛鲁神是氏族祖先神，所以，索伦鄂温克人中的氏族酋长开始供奉玛鲁神。清代末叶，随着氏族制度的衰弱、莫昆制度的加强，玛鲁神走进各户，同时玛鲁神开始被分割开来供奉。民国以后，通古斯鄂温克人家家供奉玛鲁神中的舍卧刻神。甚至女儿出嫁，要把娘家氏族的舍卧刻神复制一尊带走。家中如果有几个儿子，父亲会把原有的舍卧刻神传给与自己同住的幼子，其他儿子分居时另复制一个，经过萨满跳神等仪式，使之成为正式的舍卧刻神。使鹿鄂温克人莫昆制度比较完善，所以每户都供奉玛鲁神，直到当代。

奥米那仁——最高级别的血祭

奥米那仁仪式，是鄂温克萨满的重要祭祀仪式。“奥米那仁”有“去喝”之意，引申为使神灵去喝血，顾名思义，奥米那仁仪式是宰牲以其血祭神的最高祭祀仪式。

奥米那仁仪式每3年举行一次，每次3—5天，新萨满举行过3次伊德希仁仪式后，就要开始举办奥米那仁仪式，它是鉴别萨满神术、品级高低的标志。每举行一次这一仪式，萨满神帽上的鹿角杈就增加一个，而萨满的神术就提高一层。一个萨满一生中最多能举行9次奥米那仁仪式，神帽上的一支鹿角9个杈，两支鹿角就是18个杈，这样的萨满是最高级别的，但是数量很少。

各地奥米那仁仪式的场景布置、祭祀时间、程序内容等虽不尽一致，但也只是大同小异。在场景布置上，都要种树，只是数量不等。时间上，索伦鄂温克人在农历四月祭祀，而通古斯鄂温克人则在农历八月祭

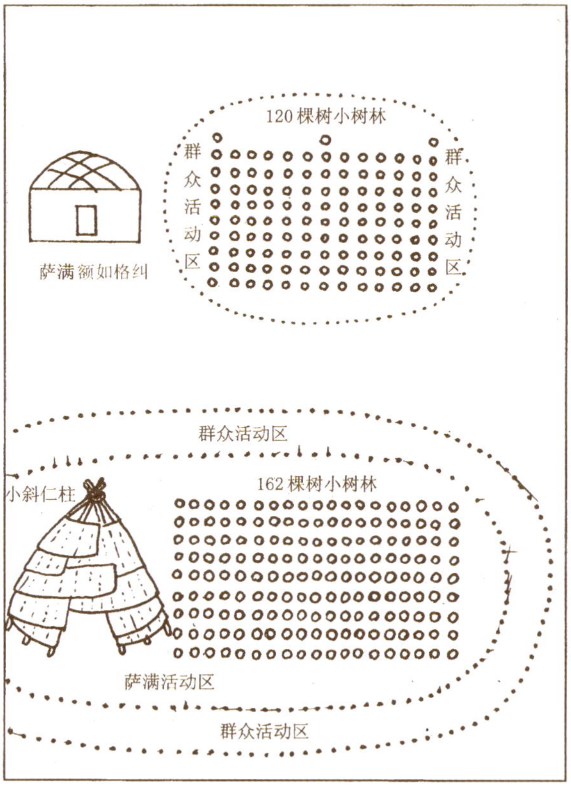

通古斯奥米那仁仪式场景示意图（绘图/波·少布）

阿隆

阿隆是用落叶松、桦树上生的一种细树条弯曲而成的。鄂温克人认为这种树枝是保护驯鹿的，一旦发现瘟疫就把它挂在驯鹿脖子上，可免去疫祸。这种树枝不容易找到，所以不能给每个驯鹿挂，只给驮玛鲁的驯鹿挂，这同样也能保护所有的驯鹿。

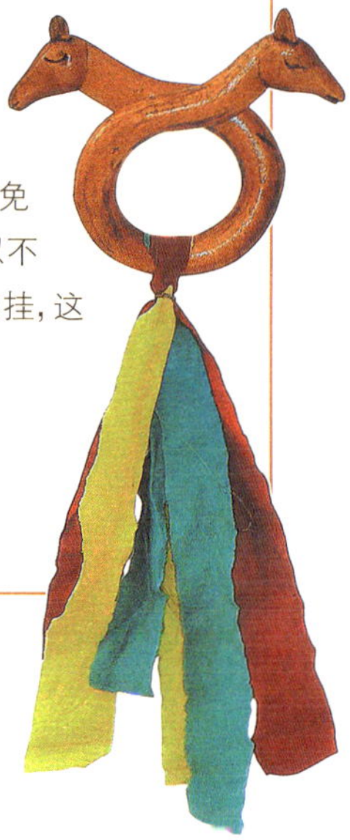

驯鹿的保护神——阿隆，长26厘米，宽21厘米（图/庞雷）

祀。在程序内容上，有的有2—3项，有的多达6项。奥米那仁仪式由本莫昆的萨满主祭，另外，再请一名萨满师傅陪祭。

我们选择布特哈地区查巴奇一带的奥米那仁仪式来了解一下其大体的流程。先在院中立一棵桦树，室内立一棵杨树，两树用麻绳连接起来，麻绳上拴上若干五色布条旗。首先请神，两位萨满各自请自己的神灵，神灵附体后，萨满以神灵口吻进行自我介绍，然后进行血祭。莫昆的人要宰杀一只羊，并将羊心血拿出来交给陪祭的萨满师傅，萨满师傅拿着羊心血围绕着人群转，本莫昆的萨满模仿鹰飞翔的姿势跟在陪祭的萨满师傅后面跑，这时陪祭萨满将羊心血给主祭萨满喝，主祭萨满将口中的羊心血喷在两棵树上，血祭结束。最后，全莫昆的人集合在两棵树中间，主祭萨满用狍皮神绳将大家围起来，狍皮神绳上做有记号，用来比较奥米那仁仪式后绳的长短，如果比上一个仪式后长了，就表示莫昆会人丁兴旺；如果短了，预示着将要发生疾病灾害，人口减少。在围狍皮神绳的过程中，陪祭萨满击鼓跳神，祈求平安。整个仪式结束后，举行盛大宴会。

使鹿鄂温克人奥米那仁仪式场景示意图（绘图/波·少布）

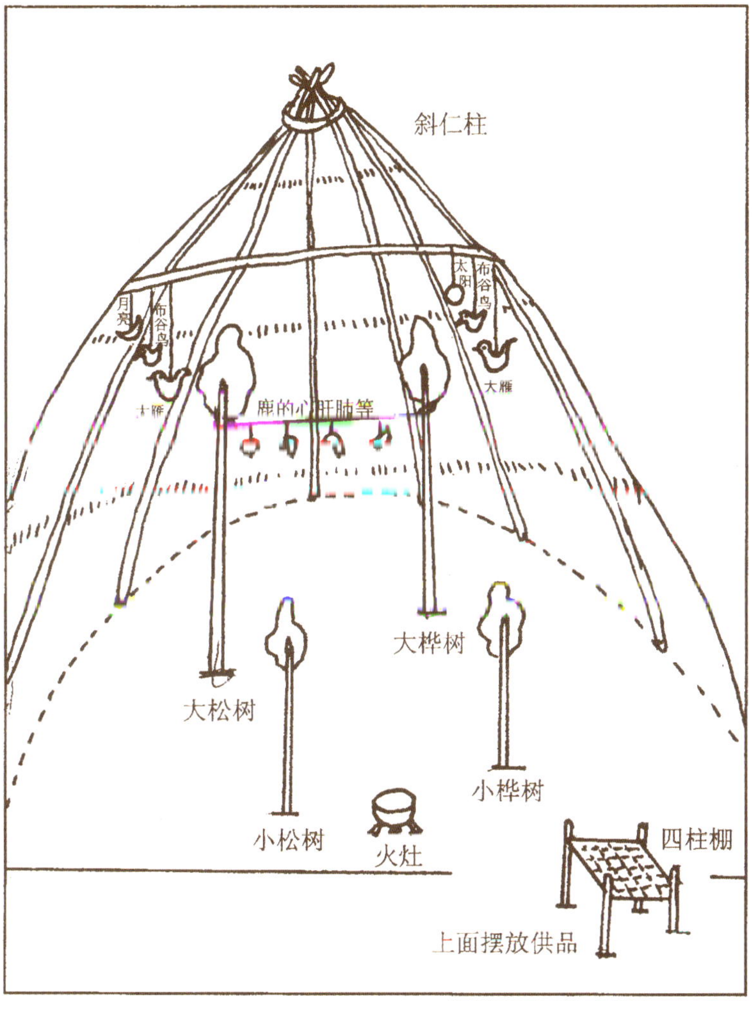

伊敏河流域鄂温克人的奥米那仁仪式共有六项内容：除了与布特哈地区相同的请神、血祭、文体活动这三项外，另有祈求平安、治病驱邪、选神这三项内容，所谓选神仪式，就是萨满穿戴上法衣神帽，手持神鼓，戴上面具，用跳神的形式唱神词，感谢诸神的莅临。

奥米那仁仪式虽然五花八门，但其主旨很清楚，那就是血祭神灵、祈求平安。其他都是根据地域、部落的区别，酌情增减或整合仪式流程，使之更适合本部落的特点和需要。

吃熊肉可是个大事情

鄂温克族关于熊的诸多禁忌、仪式，是许多研究萨满教的学者乐于探讨的话题，尽管它并不仅仅为鄂温克族所独有。

鄂温克人的瑟宾节在历史上被称为“熊祭”。熊祭有三项内容：吃熊肉、祭熊和葬熊，一般分三天完成。因为无法预知什么时候可以猎到熊，所以熊祭没有固定日子。

鄂温克人只在特定季节有准备地

集体猎熊，通常是在冬季，发现熊“蹲仓”（冬眠）的地点后，几个猎手用木棍交叉封住洞口，近距离将其猎杀。猎到熊以后，第一天全氏族的人都聚在一起吃熊肉。在这过程中有一些禁忌和仪式，特别是语言禁忌，譬如进山猎熊，不说“捕杀”，而是说“去做客”等。分割熊肉有特定的规矩。熊的睾丸割下来要挂在树上，之后才能剥熊皮，据说只有这样做熊才会对人畏惧，才不会加害于人。切熊头时有非常严格的禁忌，一定要把熊的小肠取出来缠绕熊脖子三圈后才能下刀。切下熊头以后，再割熊脖子上的肉。熊脖子上的肌肉较多，脂肪少，所以在第一天的庆祝活动中，全氏族的人欢聚一处享用熊脖子肉。人们围绕着篝火欢歌曼舞，熊肉宴持续到午夜才结束。

熊脖子肉宴结束之后的第二天，隆重的祭熊仪式开始。要选择一块平整的石头作为祭台，把鲜嫩的熊肉摆放在祭台上作为供品，往祭台上洒一些桦树汁。全氏族的成员都要参加祭祀活动，肃立在祭台前祈祷。祈祷时要脱去帽子。与此同时，人们用一口大锅煮着熊肉。仪式结束后，全氏族的人参加的熊肉聚餐开始。黄昏时分点燃篝火，人们环绕着篝火唱歌跳舞，这种活动一直到深夜才会结束。

第三天的仪式非同寻常，要举行庄严的葬熊仪式。熊头、喉、舌、鼻、脚节骨、颈骨、脚掌以及右侧上肋骨2根、下肋骨3根，左侧上肋骨3根、下肋骨2根，是要风葬的。这些东西要用桦树枝条捆好，再用柳条子横捆6道，之后才能风葬。风葬的过程并不复杂，首先要选好两棵相邻的大松树，把上部截断，在两棵树桩上架一横梁，将捆好的熊头、熊骨等面向东方安放在横梁上。之后，在两棵大松树上刮掉一块树皮，并用刀刻上12道横线，还要涂上各种颜色。特别耐人寻味的是，在靠近熊头的松树上的第6道横线两侧，各砍一小豁口，把两只熊眼球镶嵌在里面。这一切妥当后，风葬仪式正式开始。氏族的所有的人来到风葬的树前，氏族酋长致悼词，说一些解释的话，诸如杀死你的其实并不是我们，而是另有外氏族的人云云。众人假哭，敬上烟、酒等物，接着叩头、祈祷。仪式进行的同时，要在上风口拢篝火，用篝火的烟熏熊的头、某些器官和尸骨，以除污秽。风葬仪式结束后，还要进行大规模的聚餐活动。完整的熊祭就这样结束了。

模仿黑熊斗架动作的熊斗舞，舞者脸上涂饰有白粉，嘴里有节奏地发出吼声，相互用肩顶撞对方（供图/鄂温克博物馆）

鄂温克族对待熊的态度，是一种很有意思的文化现象（供图/乌热尔图）

从以上对于熊祭流程不厌其烦的描述中，我们发现鄂温克人对于熊所抱有的一种矛盾的态度。一方面，对于这种庞大而凶猛的野兽他们无比地敬畏，另一方面，他们又将它视为与自己是融为一体的，彼此不分的。“在原始狩猎时代有谁能想象出比熊那样的凶恶野兽更强大更有力的自然存在呢？萨满教文化在树立自己精神力量的过程中，从对许多于自己有恩惠的森林动物的选择中，逐渐向熊靠拢，熊以其各方面的综合长处，终于成为百兽之王。”（孟慧英《中国北方民族萨满教》，下同）尽管熊是否就此成了鄂温克人的祖先图腾大可见仁见智，但无疑“熊成了当时最强大的精神形象”，并“作为文化符号成了北方民族狩猎文化从生活到精神的一个阶段性的标志，一个萨满教信仰发展链条上的重要历史环节”。

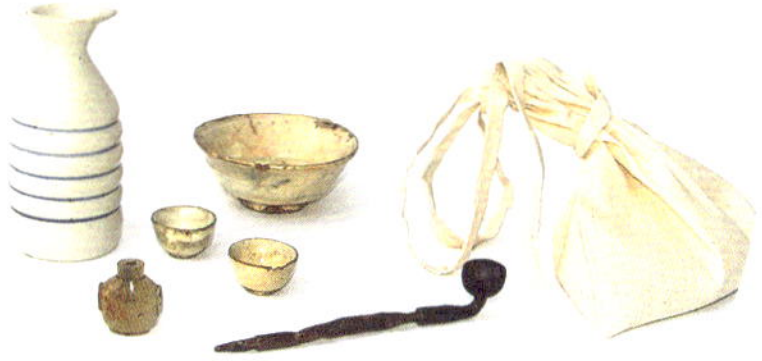

右图：鄂温克男子的丧葬用品（图/庞雷）

下图：使鹿鄂温克人独特的丧葬仪式（图/冯训林）

敬畏是一种有益的生活态度

吕大吉教授曾经指出：“各种宗教组织的组合形式都在不同程度地直接或间接再现当时所在社会的社会结构形式，时代越古老，其直接再现的程度就越大。而在原始社会和古代民族国家时代，宗教组织与社会结构之间甚至达到重合的程度。”

历史上，在鄂温克族的社会里，萨满教的宗教组织与社会组织就是重合的。人的社

会生活受种种因素所制约，其中有习惯的因素，有生产方式的因素，也有萨满教的因素。萨满教不仅在社会生活中约束你不得任意侵犯万物，在精神生活中也以一种约束来适用于现实。这种用于人和神灵的“法规”，使狩猎的鄂温克人和自然和谐相处。人们特别小心地观察和爱护给予他们一切的自然，探寻和熟悉自然的规律。鄂温克人知道，只有通过这一系列社会的和神灵的约束，才能有限地领会世界和万物。

用禁忌约束人们的言行就是萨满教作用于鄂温克氏族社会的一种体现。为了使族众有畏惧感，这种禁忌往往是以神灵的名义昭示的，所以，很少有人敢违背。比如：经过一定的仪式献给神的马称“温古马”，鄂温克人禁忌杀死或卖掉温古马。如因温古马年老或患病必须处理时，要先请萨满跳神祈祷，另换一匹马献给神作温古。如果随便杀、卖温古马，神就会加祸于当事人，使当事人永远打不到野兽。妇女也被禁止骑温古马，因为那会亵渎神灵，让马群遭灾，牲畜染疫。

鄂温克人对火的崇拜无处不在。家庭禁断火种，火种是家庭存在的象征，有火就有生活，断火就等于断了生活，极不吉利，所以，人们千方百计地保存火种。小孩禁忌玩火，因为那会触犯火神，导致牲畜群走到很远很远的地方，甚至丢失。牧区鄂温克人特别忌讳小孩玩火。

火是家庭存在的象征，斜仁柱里不能断火（图/孙志江）

关于熊的禁忌则更多。除了“熊祭”里已经提到的那些外，雌牲畜禁驮熊肉，不然会流产或患不孕症，影响牲畜的繁育。妇女也不能坐熊皮褥垫，因为那也将令她一生不能生育儿女。

每个鄂温克毛昆都有自己的公共墓地，但是诸如被雷击死、难产死亡、被枪杀、被熊咬死等非正常死亡者，不能葬入公共墓地。长辈去世后，送葬时禁止顺河流方向走，那被认为不吉利。老人过世后，要埋葬在高地或山坡，严禁葬于峡谷或低洼地，否则会对后代不利。老人亡故禁忌说“死了”，要说“丢了”或“少活了”。

以现代科学的观点看鄂温克人的很多禁忌，大多没有意义，但它有一个作用不可忽视，那就是让人们始终感觉到神灵的无处不在，并敬畏神的力量、服从神的旨意，从而不敢逾越族规神定。同样的，一些森林法则也是借助于神的力量，约束着鄂温克猎手内心的欲望，规范着他们的言行。譬如鄂温克人虽然划定大概的狩猎区域，但界限是不分明的，因为猎场是自己的，也是神的，所有权是模糊的，开放的，所以，行猎中如果和别的乌力楞的狩猎组相遇时，必须和谐相处，也可暂时在一起共同行猎，所猎获的野兽在同猎者中平分。如果猎获其他乌力楞猎手杀伤的野兽，到该猎手前来寻找时，只要核对无误，即应归还，但可以分得适当的一部分。而像“熊祭”等仪式也是以一种内在的力量来克制猎手滥杀野兽的欲望，既维护了自己的衣食之源，又使动物种群保持自然繁衍的平稳节律。总之，萨满教的禁忌和对万物的敬仰有效地控制了鄂温克氏族内部人员的感情和意识。

姥姥妞拉——敖鲁古雅最后的大萨满

文/白兰

聚我族众，祈求天神
——姥姥祭天

姥姥妞拉是萨满，是使鹿鄂温克人的最后一位萨满。直到去世妞拉萨满都没有找到传人，尽管她是一位大萨满。

在兴安岭，让你觉得人与自然是那么亲近。那些山的呼吸，云的造型，星的闪烁，那些树林和河溪唱出的歌儿，无不显示着生命的美丽。

姥姥的神灵，伴着所有的生命。

“嗵——嗵——”的鼓声，这是萨满妞拉用最好的语言、最美的词句向上苍、向山神的祈祷。

1985年秋天里，我第一次见到萨满妞拉，她刚刚从哈尔滨回来，穿着蓝色带白点的连衣裙，包着棕色头巾，足蹬黑色平底皮靴，有风度而礼貌地与我们寒暄。那年姥姥85岁左右。

1986年10月，姥姥应呼伦贝尔盟民委之请，举行了一次祭天仪式。这是她20年来的第一次跳神。

祭天仪式举行了一天，是在阿龙山猎民点营地的密林深处。先搭起一座“斜仁柱”，并在“斜仁柱”附近搭盖了祭台。姥姥坐在“斜仁柱”里，闭目静心，少顷，有人掀起“斜仁柱”上覆盖物的一角递进萨满服。这位德高望重的姥姥穿好萨满服，手持椭圆形单面鼓，神采奕奕步出“斜仁柱”。人们已牵来一公一母两头驯鹿，硕大的角威风凛凛。地上早已放好一块鹿腿皮做的坐垫，姥姥盘腿而坐，然后击鼓祈祷，声音低沉缓慢，姥姥道出祭天的因由和做祭祀牺牲的驯鹿。族众如痴如醉，扛着摄像机的记者也仿佛进入了姥姥引领的神灵世界，四周静穆神秘。随着鼓声的急促，祈祷吟唱的声音也高亢起来，姥姥忽地站起身来，潇洒地来回旋转，有力地顿着脚，神灵似乎附体。

使鹿鄂温克最后的大萨满——妞拉姥姥（图/白兰）

妞拉姥姥所使用的萨满鼓，每当“嗵嗵”的鼓声响起，萨满便开始向上苍、山神祈祷（图/庞雷）

聚集我虔诚的族众
祈求天上富有的诸神
赐给我们富裕的生活
我们在向
太阳母亲
月亮父亲
祈祷

姥姥恳切地祈祷着，围坐在周围的人们专注而虔诚地听着，并随着吟唱的尾音，用和声般的音调应和着，山林间回荡着鄂温克人最淳朴、最虔诚的声音。

神灵也有了应答，是通过姥姥之口表达的：

上天里有缘由
大地里有根源
越过千山万壑
跨越无数河川
当你击鼓跳神
当你飘带四起
你惊动求助我
犹闪电般而来
你的缘由我明白
你的祈愿我明白

待与神灵沟通好了以后，开始宰杀了牺牲祭天。祭台上摆好鹿头、四只蹄子（两只前蹄子在驯鹿头两侧，后双蹄在鹿头之后）及一部分内脏。姥姥坐下来，有人端来鹿血和酒。姥姥用无名指将酒弹向天、弹向地、弹向族众，然后口中念念有词，将鹿血涂于鼓面。之后，姥姥时而席地而坐，吟唱祭祀之辞，时而击鼓而舞，请求天神保佑鄂温克猎民，保佑日渐减少的驯鹿群。祭天仪式持续到深夜。

姥姥的世界你不懂

这之后，姥姥又跳过几次神，有两次是为人而跳。一次是在1993年秋，一个30多岁的猎人哈协酒后走进林子里半月未归，他的家人寻遍附近山林，没有找到哈协。人们知道哈协是优秀的猎手，不至于迷路山中。哈协80多岁的岳母玛丽雅·布找到姥姥，为了老友的请求，93岁的妞拉萨满为哈协跳起了神。第二天按姥姥指示的方向，人们找到了已经死去的哈协。1994年5月我到敖鲁古雅时，看到了有些痴呆的姥姥，不时作射击状，还躲开大家走到林中喃喃自语。姥姥的行动很怪异，我忍不住问芭拉杰依妈妈。她告诉我，为哈协跳神不久，姥姥的三女儿戈拉的丈夫孙根全冻死了。戈拉的第一位丈夫是在姥姥跳神后被姥爷捅死的，这次，第二位丈夫又去世了，对她打击太大，所以她整天抱怨母亲，以致高龄的姥姥承受不住，变成今天这样。

姥姥的精神世界，一般人很难进入。

林中黄昏，红衣、黑裙、瘦弱矮小、颤颤巍巍、拄着拐杖的老妇人，站在苔原森林中的灌木丛里，风微微而过，红头巾下银发飘动着，嘴在张合，喃喃自语，她的脸因严肃而显着怒气。不知她在这里站了多久，周围没有一个人。这是我在1994年5月见到姥姥在林中的情景。初春夕阳的橘色，姥姥身着的红色，使人仿佛看到即将熄掉的篝火，艰辛而仍存活力。

她说了些什么呢？录音师谷全喜录下的声音清清楚楚：“你们不要再这样残害驯鹿了，如果继续下去，会有神灵把你们撕成碎片，扔到贝尔茨河那边。”告诫般的话，震动了我

兴安岭博大而神秘，哺育了一代又一代鄂温克人（图/朱云鹏）

们，也使我吃惊。

“她不寻常”，这是见过她的人说得最多的评价。

姥姥不愿意上山，不愿意到放鹿的猎民点。这一次我们在征得芭拉杰依和与姥姥同住的五女儿千淑莲的同意后，请求中绑架般地把她带到山上。“斜仁柱”离公路很远，要翻一座小山，沼泽林地车进不去。下车后我们一趟趟搬运着东西。我望着中央电视台孙曾田导演背上的妞拉萨满，觉得这才是人世间的姥姥，而不是那个神神秘秘的女巫。山上是她最熟悉的地方，她一生中的绝大多数时间是在山林里与驯鹿一起度过的。但现在姥姥却不愿意呆在山上了，有时一个晚上都不肯歇息。黑暗中，突然传来她那苍老但很亮堂的声音，真让人恐怖。不知为了什么，也许真是为了回到山下的家，姥姥在一个温暖的下午失踪了。我们向着东西南北，在丛林河溪边寻找着。一个下午就这样过去了，那血色的黄昏来临，林中的时空更加光怪陆离起来，这似乎更符合姥姥的萨满氛围。这时，伙伴引着姥姥从远处走回来了。

姥姥在现实生活中已无法找到神的传人，直到姥姥去世也没有人肯答应做她的徒弟，来接过她的神杖、神衣。她不幸成为民族中一项“之最”。原本是民族、氏族或是由她来选择传人，现在却由别人来决定了。一切都在深刻地变化着，令她无奈。

本应是荒凉、壮丽、寂静、旷远的山林，如今迅速地盛满了集市般的喧闹，各种功利的人们熙来攘往，山林几近都市般的忙乱。这些在妞拉萨满那里一定是触目惊心的。她的近一个世纪的生命，有大半生是按老辈的方式生活，规律而安分。她的喃喃自语，或许就是她灵魂的叹息。

作为萨满，姥姥在50年代就曾预言过：“神灵在天上飘来飘去，再也不下凡界了。”

妞拉姥姥的女儿芭拉杰依。至亲如女儿也很难走进妞拉的精神世界（图/白兰）

萨满山神画像，长39厘米，高27厘米（图/庞雷）

二三十千克重的萨满服

因为姥姥是萨满，有必要讲讲有关萨满的事情。

姥姥的萨满服由神帽、披肩、神衣（短装）、神裙、神裤等组成。在神衣的双肩及袖子、披肩上都有许多饰物。有雷神两个（雷公、电母），造型很像昆虫。还有用铁皮剪成或用木头刻成的很小的熊、狼、布谷鸟、水鸭、鱼、天鹅、奥腾鸟（比天鹅大的灰色禽类）等，造型上多为侧面平视体。也有用木头或皮子、铁片做成的柳叶形物，一个连着一个链成长串物，象征脊椎骨。有用铁条拧成麻花纹，两端用钩圈连接起来的饰物，视为脊髓。还有也是用铁皮或木头剪刻成的对称的鹿角，被认为是灵魂的所在，挂在神衣后领下方。腋下还有七条并列的铁条，这是肋骨。最重要的是前胸的五个小铜镜和后背的一面大铜镜。神裙的后面还缝缀上飘带数条。裙前面有几排小铜铃。萨满服有二三十千克重。

姥姥的神帽是形如瓜皮的圆帽，也很像古装戏中出征将军的军帽。另外有铁环架，中间是十字形半圆环，与铁架相连，固定在瓜皮圆帽之上。前有垂穗遮到眼睛之下，脑后是长方形布帘。在头顶的十字形铁环上有一对铁质鹿角，姥姥神帽上的鹿角杈很多，说明了她的法术、地位很高。神鼓很大，椭圆形，大的直径70厘米，小的直径50厘米，鼓面上彩绘有红、黄、蓝三色圈纹，视为吉祥的象征。鼓槌用狍子蹄筋系于头部，并在槌头部包上熊皮。柄部没有装饰。鼓槌是扁长的，槌背上有火纹图案。

姥姥的神衣、神帽，所用材料多为皮子和铁制品。我问过她，她说最好用马鹿皮，或者驼鹿皮、驯鹿皮，狍子皮也行。姥姥头脑清醒时，对于我的请教十分高兴，大概生活中和她谈这些话的人不多。不过到现在我还是搞不明白，姥姥一大把年纪，且身体又很瘦弱，如何能穿得住二三十千克重的衣服和戴着差不多有三千克重的帽子？又是如何舞之蹈之的？

姥姥会给人看相，如果是未婚的人伸手过去，她会说：“没结婚的人哪儿来的命？”

姥姥在山上时不时到林中走走，东张张西望望，她在寻找什么？她在寻找已匆匆走过的生命？她在寻找祖先留在山林里的影子？她似清醒又非清醒。在大家的眼里，姥姥跟过去真不一样了。

我看过姥姥跳神祭天的录像，看着引领神灵的“成给热”（杜香草）点燃后的轻烟袅袅，看着姥姥有力地击打神鼓时的庄严，看着双足顿地，吟唱着、舞蹈着的姥姥，我永远难以忘怀。我被征服了，心灵被那一片文化的风景震撼。

在鄂温克的世界中，向没有具体形式的自然，向统领自然的神灵乞求是应该的。萨满妞拉是他们力量的象征，是山林里的风，是原野中的草，是天空闪亮的光，是溪流中的水，她本人好像是一个女人，又好像什么也不是，她又是一切。

图腾崇拜物，包括了日、月、熊、狼、奥腾鸟、水鸭、鱼、天鹅等（图/庞雷）

妞拉姥姥的萨满服（包括神帽、围裙），现在已经成了国家一级文物（图/庞雷）

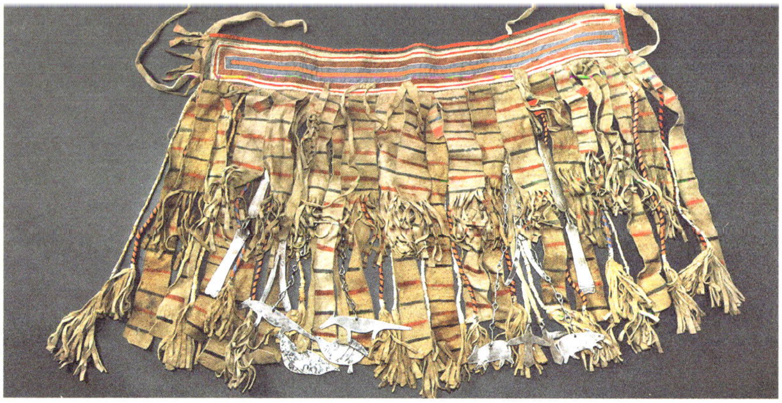

撰稿专家

都永浩，朝鲜族，黑龙江省民族研究所研究员，所长。现为黑龙江省省级领军人才梯队学术带头人。2012年获国务院特殊津贴，长期从事民族问题和民族学研究，在民族理论与政策及东北少数民族和宗教、东北亚问题等研究领域均有建树。共出版专著7部，发表论文141篇，主编学术专著27部。

《中国北方渔猎民族发展研究》

扫描二维码，
阅读专家代表著作的电子版

身着蓝色袍子的鄂温克女子在洁白的雪地上更加俏丽动人(图/常玉杰)

第4章

白桦林里唱起《狍子之歌》

技艺服饰乐舞

本章主撰稿人：黑龙江省民族研究所研究员　波·少布　　黑龙江省民族研究所副研究员　汤洋

众所周知，各民族几乎都有创世神话、起源神话、英雄史诗、民间故事和民间歌谣等，以口耳相传的方式世代相传，表达了价值观、审美观和对这个世界的理解、认识，以及整体性的愿望。作为有语言无文字的民族，鄂温克族同样拥有这样的“文本”，它的叙事民歌，已被列为国家级非物质文化遗产。

大兴安岭用它广袤的森林和丰富的野生动植物资源养育着鄂温克人，多少年来，鄂温克人也用一种谦卑、虔敬的态度对待大兴安岭，有限度地索取，小心翼翼地看护。从桦树皮到驯鹿，他们用大兴安岭赐予的一切作为自己的衣食之源，并且把自己对于生活的理解，对于美的表达都极尽巧思地呈现于其中，形成了独具特色的桦树皮制作技艺和驯鹿习俗。同样，这两者也是国家级非物质文化遗产。

服饰反映了一个民族的典型的文化特征，也是这一民族生活特点、地域文化和地理环境的体现，是了解这个民族文化的一个重要窗口。鄂温克族通古斯部落的服饰又是国家级非物质文化遗产，读懂它以及索伦、使鹿部落的服饰，或许能让我们经历一段关于鄂温克历史的美的旅程。

狩猎文化无疑是粗犷、刚健的，但是如同在漫长的冬季里终日呼啸的风在春天也会变得轻柔一样，鄂温克族的美，决不仅仅只有刚健和粗犷。而且，他们在相对原始的生产力和生产方式下对美的诸般表达也不是静止的，无论是图案、材质还是技艺，对今天乃至将来都不乏借鉴意义。

把树皮兽皮做成了一道风景

朴拙的技艺散发恒久魅力

从世界各民族的发展过程看，民族文化的形成都不是偶然的，都有其必然的因素。民族文化是支撑一个民族发展的基础，是民族生存的精神动力，所以，每个民族都重视民族文化的传承和发展。

文化从来都是具象的，是可触摸和感知的。如果说狩猎文化是作为北方三个渔猎民族之一的鄂温克族的文化之面，那么，桦树皮文化、兽皮（骨）文化、服饰文化、歌舞文化就是这张面孔上最为精彩的几种表情。它们产生于这一民族悠长的历史隧道的起点，散发着特有的自由、热烈、神秘、朴拙的气息。它们的美，可以穿越时空，走向永恒。

桦树皮制作技艺——传承了3000年的手艺

十二三年剥一次树皮

在大兴安岭，白桦树是一种风景树。走进寂静的白桦林，那洁白挺直的树身，树身上忧郁凝视的“眼睛”，秋风里无声飘落的金黄树叶，总能让人浮想联翩。而在生产力水准低下的遥远年代，在鄂温克等北方森林民族的眼里，这种广布于寒带山区的落叶乔木却实实

白桦树，不仅是大兴安岭的风景树，更是鄂温克族的衣食之源（图/金河）

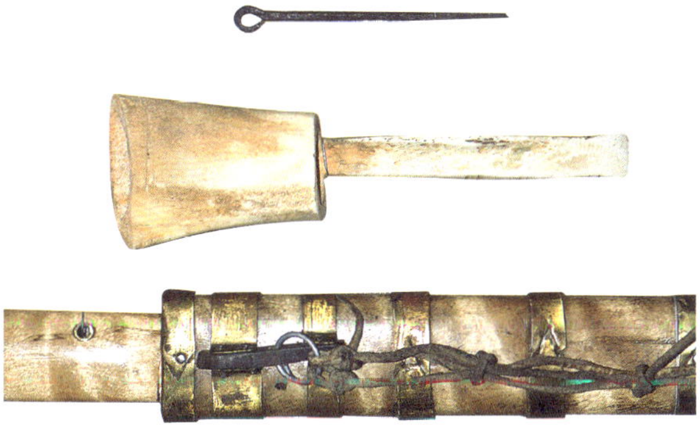

制作桦树皮器物用的骨凿、铁针等工具。骨凿长21厘米，宽2厘米；铁针长11.5厘米（图/庞雷）

在在地是他们的衣食之源。当不知制陶术为何物时，他们利用白桦树树皮来制作各种工具和容器，满足生活的必需。它们本不是为美而生的，但经过岁月的淘洗、滋养，美，竟然悄无声息地生长，长成了一种独特的桦树皮文化。

鄂温克族有个传说，在很早以前，一个老猎人在山中看见了一棵白桦树，树皮裂开并打成了卷，老猎人细看之下发现树皮又结实又好看，从此鄂温克人开始用桦树皮制作各种器物。吕光天先生根据他们用薄石片剥树皮推断，这个“很早以前”是在新石器时代的初期。

白桦树的生命力极强，不会因被剥皮而枯死。被剥去树皮的地方，第二年变成黑色，第三年又开始长出一层薄薄的新皮，以后逐年变厚。据调查，一位八十多岁的鄂温克老妇人说，她曾剥过一棵桦树的皮，共剥过3次，每次间隔十二三年，剥下来的皮都和第一次一样厚。

剥取桦树皮一般都在伏天，过了伏天，树皮变硬，就不好剥了。剥下的桦树皮要经过一定的处理，通常定居鄂温克人是采用火烤的方式，桦树皮遇热变软后再压平，就可以剪裁加工了。使鹿鄂温克人则是挖一个面积1平方米、深60厘米的土坑，坑里铺一层约15厘米厚的干马粪，再把桦树皮层层码放在上面，最后用约10厘米厚的土覆盖住，这样闷上7天，桦树皮已经膨胀，变得厚实柔软，像熟好的皮子一样。

制作了一半的桦树皮船（图/卢青山）

桦树皮船异常轻快，鄂温克猎民常乘着它悄无声息地接近在河边饮水的犴等猎物（图/庞雷）

一个桦树皮的小世界

桦树皮用途广泛，大到斜仁柱、桦皮船、大轮车车篷，小到碗、杯、盒、盆，涵盖了鄂温克人衣食住行的各个方面。尤其是一些器皿，装饰着各种图案，不仅实用，而且美观。模压法比较普遍地被应用于桦树皮器皿的图案制作，通常一件桦树皮器皿的上半部分装饰有相对具象的动物形象，下半部分则用几何形图案装饰。譬如有一只桦皮盒上共有7个图形，从右至左一个接一个地排开，形成一条图案带。所绘动物有熊、鹿(雄性)、鸟、麝、驼鹿（雄雌各一）、马鹿等，以剪影图案呈现。

蓝边桦树皮盒，口径30厘米，高18厘米（图/庞雷）

蓝边桦树皮盒纹样展开图。高度抽象化了的鹿角纹饰（图/庞雷）

带植物花纹的长方形带盖桦树皮盒（图/刘玉亮）

农区鄂温克人使用的带盖桦树皮筒，用指接工艺拼接，咬合处严丝合缝（图/庞雷）

顺桦皮盒的底边，用黑颜色画着一条边带。图案没有衬景，图画制作者的全部兴趣和注意力都集中在动物上。因此，这7个动物的步态、头的姿态以及整个躯干轮廓的对称都很有特点。因为特点鲜明，所以人们能够很轻易地把这些动物区分开来。譬如，马鹿和驼鹿的宽桨叶状的角和颈部的一绺兽毛，麝的突出的獠牙，驼鹿的大蹄子和呆板的面孔，等等。制作方法上，在给这些动物剪影着色之前，先用细压线压出动物的轮廓。极有可能，这些压线是缠在桦皮模子上的。总之，构图极其简洁，同时又非常自然并具有生命活力，是这类桦树皮器物装饰图案的一个特点。

鄂温克人的纹饰特点与其生产生活特点息息相关，是他们长期细腻地观察自然界的各种现象、动植物的特点的结果。鄂温克人将它们高度抽象成各种纹饰：动物纹、植物纹、几何形纹等，无不具有自然、真实、质朴的风格。其中，以驯鹿为主题的图案，经过抽象、夸张、变形，成为一种主要的装饰纹样（如鹿角纹等），体现出鲜明的原始艺术特色。植物纹样的大量被使用，更是突破了学界长久以来所形成的狩猎民族不会绘制植物纹样的认识，在北方狩猎民族中显得极为特殊。诸种纹饰根据需要以压印等方式被运用于桦树皮器物上，逐渐形成初级形式美意识，符合一定的对称与均衡、空白与虚实、比例与尺寸等关系的形式美法则，并且具有丰富的民俗寓意寄托。

那些经典的桦树皮器物

鄂温克人用桦树皮制作各种器物。桦树皮被剥下来后，先要进行简单处理，处理后的桦树皮就可以制作各种器物了，常做的有20多种。

鄂温克语称小型浅的器皿为“玛塔”，玛塔有正方形、长方形、圆形、椭圆形、三角形等多种。一些桦树皮圆盒美观实用，也很环保，物品或食品放置其中，安全，放心。鄂温克语称桦皮夏帽为“阿棍”，有圆形、圆锥形，还有方形和前高后低呈岗坡形的，是夏天进山打猎时戴的帽子，特点是轻便、遮阳、挡雨，很适合在山林中戴。

桦树皮剪贴出的各种动物造型，刻画细致，夸张适度（图/庞雷）

使鹿鄂温克指接工艺桦皮筒（图/庞雷）

桦皮箱叫“德替克”。这种箱子装衣物既不潮湿也不漏雨，轻便、安全、灵活，搬运也比较容易。桦皮匣子是一种标准量器，每匣子标准为16千克。制作匣子难度最大，必须由有经验的老年人去做。在木制斗传入鄂温克地区之前，鄂温克人就是用桦皮匣子作为入库或买卖的标准单位来称量粮食的。桦皮炕席是鄂温克人室内必备的用品，这种炕席光滑、柔软、有弹性，而且冬暖夏凉。

鄂温克人用各式各样的工具做桦皮器物。他们用刀、剪裁剪桦皮；用针、麻绳、鬃绳、皮绳缝桦皮；用松树油熬制的黏胶黏合桦皮；用铁凿、钉、窄铁板、铁锥等压印桦皮；用刷子、笔、从植物中榨取的各种颜色的染料涂染桦皮。有了这些工具加上熟练的技术，鄂温克人做桦皮器物得心应手。

俄罗斯境内埃文基人（鄂温克人）的桦树皮调料盒（图/刘玉亮）

驯鹿鞍韂——驯鹿文化的记忆

使鹿鄂温克部落有一种比较特别的辅助驮运的主要工具——驯鹿鞍韂，每只成年驯鹿都配有一副。

鹿鞍韂有木制和骨制的两种，形制上以微弧形和人字形为主。木制鹿鞍韂在鄂伦春、达斡尔族中也有，而骨制的为鄂温克族所仅见。通常，人字形鞍韂左右下方以两根木方子组合而成，在方子上包裹有厚厚的皮或布制成的囊状物，里面多塞入兽毛，这样囊软软的，驮在驯鹿背上很舒服，使驯鹿背部不会因驮重物而磨伤。

如同蒙古人钟情于马鞍，会尽力装饰、美化马鞍一样，鄂温克人对鹿鞍韂也有着同样的情结，他们会在鹿鞍韂上雕刻各种纹饰，尽可能地装扮它。

木制鹿鞍的前韂和后韂通常装饰着几何图形或植物图案，也有少量动物图案。在过去的一副驮鞍前韂上，刻着两只相对而立的驯鹿，右边的鹿较左边的鹿略小，每头鹿各有四条腿和一只大鹿角。整个图案为侧面剪影状。鞍韂周边是两条中间带斜线的平行嵌入线，鞍韂的垂直轴是由三条平行嵌入线组成的图案带。两条边线通过斜线与中线连在一起，整个图形非常对称。另一副儿童骑用的鹿鞍的后韂上，只有一个刻工完美的大鹿轮廓图案，虽是轮廓，但细节却很精巧。鹿头轮廓的正确形状，肩胛骨处背部线条的断面，柔和的臀部图形，颈部富有特点的一绺兽毛，所有这些都令人惊异地构成了一个迈着不紧不慢的步子、安详地行进着的动物的真实侧影。就图案工艺的技巧和准确性而言，这幅图案同纯粹具有明显现实主义特点的驼鹿和鹿的图形相近。鄂温克人常用桦皮雕刻这种图形，作为儿童的玩具。

骨制鞍韂的额面雕刻装饰技法有三种：一是单线阴刻装饰法，呈阴线浅浮雕效果，如同汉族的阴文印章；二是双线阴刻装饰法，在两条阴刻线之间形成明显的凸线装饰，呈现出一种凸式线浮雕的效果；第三种是阴阳雕刻结合的手法。阳刻是把图形以外的底剔除掉，使图形的轮廓线突出；而阴刻是把纹样的中心

左图：犴骨驯鹿鞍韂，长47厘米，宽27厘米，高22厘米。骨制鞍韂为鄂温克族所独有，此副鞍韂两根木方子上以布匹包裹，内塞填充物（图/庞雷）

右下图：犴骨鞍韂细部，单线阴刻几何纹图案（图/庞雷）

图案剔掉，用凹处体现视觉效果。阴阳刻手法同时使用十分少见。总体来看，鹿鞍鞒上的精美图案一气呵成、线条流畅，体现出猎人的雕刻技巧十分娴熟，图案生动而古朴。

鹿鞍鞒上雕饰的纹样多为花卉勾蔓纹、鹿角纹、植物纹、星形纹、几何纹和十字图案，十字图案显然是来自俄罗斯东正教的影响。鹿角纹和星形纹在历史上是比较常见的。鄂温克人把北斗七星看作他们的“狩猎神”，特别是夜间狩猎时需要北斗七星指引方向。有一种说法，花卉勾蔓纹寓意拴住驯鹿，使它不会跑掉。

在色彩装饰上，骨制鞍鞒也表现出这么几种方式：一种是保持兽骨的纯净自然色泽，不涂抹任何色彩；一种是在鞍鞒表面涂上各种颜色，用一种版画的手法，使线条明显突出，彩色图案和兽骨的素底形成强烈的视觉反差，产生一种强烈的原始艺术的震撼力；还有一种是在鞍鞒表面通体施彩，在阴刻的线条内涂抹上各种色彩，看起来更加华丽鲜艳，但这种施彩方法比较少见。

显然，驯鹿鞍鞒工艺已经成为了使鹿鄂温克部落乃至整个鄂温克族独树一帜的艺术形式，是他们驯鹿文化的重要组成部分。

木质驯鹿鞍鞒（图/庞雷）

木质驯鹿鞍鞒上雕刻的鹿角纹饰（图/庞雷）

绘画文字

在鄂温克人的造型艺术中，有一种代替文字的图画，通常画在树木或桦皮块上，后来还画在纸上。这些图画都具有绘画文字的特点，是对各种事件的记录，或者是已经迁走的鄂温克人向不久即会抵达此地的自己的同族人留下的某种指示。图画通常用木炭画在树木的砍痕上，有时也用桦树皮块剪成相应的图案，固定在树上。不同的图案传达不同的内容。譬如，树上的马头图案表示来到此地的人应当寻找一匹丢失的马。如果游牧家庭某个成员急病，就在树上用木炭画一个侧躺或仰卧的人。如果人死了，图像就画成脸朝下的姿势。1916年，在托科河（恰拉河的支流）上的一个鄂温克人遗弃的住地，发现过一截一面砍平的小木桩，这个木桩高54厘米，上面刻着许多鹿图案。这些图案表示这些动物的数量。

鄂温克人还有一种通信方式：当人们想要在另一些地方会面时，就用手指在雪上或地上画个平面图，示意需要在什么地方聚齐。

除了树上、地上和雪上的图画外，鄂温克人还使用其他形式的绘画文字。在19世纪，鄂温克人曾使用木签记录债务。这些木签用长方形的窄木板制成，上面刻着各种表示所欠物品和债务数目的图形。譬如，如果刻的是一个貂图形，就表示商人应当还给鄂温克人一只貂。债务记下以后，木板被分成两部分，一半由债务人收藏，另一半留在债主那里。还债时，两半合在一起，进行核对。

兽皮文化——狩猎民族的身份证

与其他北方狩猎民族一样，鄂温克族人尤其是族中的妇女，积累了丰富的加工兽皮的经验，制作了大量的兽皮生活用品和艺术品。除兽皮服饰之外，这些制品还包括挎包、筷子袋、勺子袋、针线袋、喂盐袋、毛皮毯乃至毛皮画，形成了独特的“兽皮文化”。

从艺术审美的角度看，鄂温克人的皮制品中，最值得注意的是毯子。这种毯子是用亮色的和暗色的鹿毛皮块整齐地拼制而成的，做工极为考究。有时，鹿毛皮块上还缝缀着海豹皮块或皮革穗子。在鄂温克人的帆布帐篷和兽皮帐篷中，这种皮毯用作地毯。皮毯本身的形状和图案，总使人推测它们或许与鄂温克族早先对太阳的崇拜有关。

19世纪末和20世纪初，无论在鄂温克人那里，还是在西伯利亚其他民族那里，有一种太阳图案广为流行，它与鄂温克皮毯具有这样一些相同的特征：皮毯镶边与穗子相对应的圆和四周的射线、中央的同心圆和十字形交叉线。与之类似的还有东北亚极边民族——楚科奇人、科里亚克人的太阳图案。这些图案中太阳标记也有用兽毛或穗子组成的射线状镶边、同心圆等。和西伯利亚其他民族一样，鄂温克人也赋予太阳同样重要的意义，并把它看作他们的庇护者之一。

鄂温克装饰图案中非常独特的太阳图案（图/庞雷）

装饰更为复杂的皮毯，用淡火红色、白色和深棕色的毛皮组成三重镶边，并且由末端较宽的箭尖十字划分成四个扇面。十字交叉图形由白色的和深棕色的毛皮块平行交替组成，周边剪齐。在左侧上面的扇形中，深棕色毛皮上面缝着一块方形红布，红布上用白色鹿毛绣着一个不大的无角鹿图案。右侧下面的

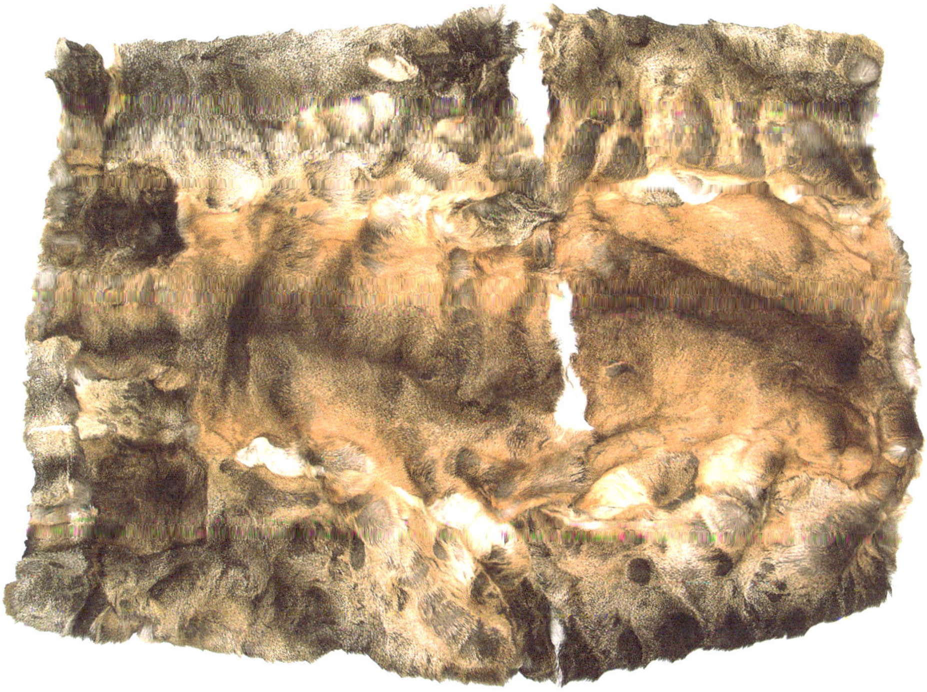

狍皮褥子（图/庞雷）

当代鄂温克画家柳芭的画作（图/白兰）

鄂温克猎人冬季毛皮装（图/刘玉亮）

扇形具有同样的装饰。右侧上面的和左侧下面的扇形（用白色毛皮组成）都各有一块形状相似的深蓝色布块，中间都有一只同样的鹿。环绕扇形的深棕色镶边用白色毛皮边饰镶成，相互间隔一定距离。

皮毯外形装饰原则是交替使用相反颜色，这种手法可使皮毯各个部分更有表现力，并可以增强图案装饰的协调性。皮毯的四部分划分及其边饰像萨满神服上的圆形金属垂饰中表示宇宙的图形。有一块皮毯直径只有11厘米，加上镶边，直径为16—17厘米。皮毯分成若干个同心圆，从边缘起，第一个圆由棕色鹿毛皮组成，第二个圆由很窄的橙黄色呢绒条组成，第三个圆由长方形的白色和棕色毛皮交替组成，第四个圆由橙黄色呢绒组成，第五个圆由白色毛皮组成，第六个圆又是由呢绒组成的。中央的空白用一块棕色毛皮占据，镶边为白色毛皮。从面积和形体上看，这块皮毯颇似科里亚克人用兽皮和兽毛制成的表示太阳的护身符，以及楚科奇人的皮球上的日射标记。

除圆形皮毯外，鄂温克地区还广为流行使用库玛兰——一种用来苫盖驮包的长方形皮毯。这种皮毯用不同颜色的鹿毛皮块缝制而成，用毛皮穗子镶边，常用带毛兽皮块制成的鹿或鹿头的图案装饰，风格比较写实。

图案体现了狩猎文化图腾意识的长方形皮毯（图/庞雷）

难能可贵的是，鄂温克人的兽皮技艺并没有失传，而且有所发展。近年来，使鹿鄂温克人参照现代绘画艺术并结合传统的民族绘画手法，创造出兽皮画艺术。使鹿鄂温克人用熟好的驯鹿皮、狍皮、熊皮等，剪出所画的图形，再将不同颜色的毛皮拼接起来，最后用鹿筋线缝合，制成了精美的壁挂。兽皮画表现的有林海风光、敖鲁古雅河、驯鹿群、林中“斜仁柱”等等，无不与他们的日常生活相关联。兽皮画多运用剪影的手法，风格拙朴，画面生动，略带夸张，一些代表画家的作品已经引起收藏界的关注。

熟皮子工艺流程

熟狍皮、黄羊皮。第一步：先把皮子晒干，皮板上抹一层小灰或泥，放在地上，用其他东西盖好，闷一夜，然后用尖刮刀刮掉皮板上的灰或泥，再把皮子毛朝里套在直径20—30厘米、1米左右长的木棍上，把皮子撑起来，用钝刮刀铲刮皮板上的脂肪和肉质。第二步：将皮硝（是把煮烂的兽肝切成碎块，装进坛罐或盆内盖好，放在热的地方使其发酵而成）均匀地涂在皮板上，15分钟后，用尖刀铲刮皮板上的残肉和脂肪，大约铲刮3个小时左右，直到把皮子刮干净，而且变得柔软为止。熟好一张皮子需一天时间。

鹿皮、犴皮比狍皮、黄羊皮大且厚，熟的难度也较大。第一步：去毛。去毛的方法是在皮子上喷热水，放在温度较高的地方，上面薄薄地盖上一层土，使其稍微发霉，这时用手一拔毛就全掉了。第二步：在皮板上涂皮硝，大约15—20分钟后，用木铡刀来铡，铡5个小时左右，把皮子铡软为止，然后用钝刮刀铲刮，直到熟好为止。使鹿鄂温克人熟犴皮、鹿皮又有所区别。他们首先用刀刮掉犴皮、鹿皮的毛，放到屋里阴干，干后铲刮皮板，再用烟熏。熏的方法是先点燃一堆火，把皮子横挂在火苗上方，慢慢用烟熏烤，约5小时左右，到皮的颜色稍微发黄为止。熏完后，把皮子泡到河水里1天左右，取出来趁湿用工具来铲刮皮板，要铲刮1天左右，再把皮子挂到树上晒干，干后再用烟熏3个小时。熏完后皮子两面均匀地涂上依热克（用犴或鹿脑子煮成的一种白色浓汤），经过1天多以后，再用不同工具铲刮，皮子才算熟好。熟一张鹿皮需要12天，熟一张犴皮需要15天。熟皮子也要根据需要，有的去毛，有的不去毛。

上图：正在熟皮子的鄂温克妇女（图/白兰）

下图：一组熟皮子工具（图/庞雷）

晾晒驯鹿皮子（图/龚宇）

穿在身上的历史

鄂温克三部落服饰揭秘

狍皮衣——鄂温克族的鲜明标志

历史上，鄂温克族是一个狩猎民族，兽皮衣服是他们主要的服装款式。鄂温克人冬季用毛长皮板厚的皮子做衣服，春秋两季用毛短皮板薄的皮子做衣服，夏季则用去毛的光板皮子做衣服。因为狍子多，易于猎获，更因为狍子皮细致柔软，所以狍皮被使用得最多，鹿、犴、羊皮次之，狍皮衣因此成为鄂温克族的鲜明标志。

兽皮服饰包括皮衣、皮裤、皮套裤、皮袜子、皮帽子、皮手套等等，而且不同地区、部落的鄂温克人对它们的称呼都各有不同。譬如扎兰屯地区的索伦鄂温克人，将用春狍皮做的衣服统称“哈拉米”，黑龙江的鄂温克人则称“囊德奥鲁木迪”。用羊皮做的皮袄，辉河流域的索伦鄂温克人和通古斯鄂温克人均称“胡儒木”。用犴皮做的皮袄，使鹿鄂温克人称冬季穿的为“奈雅玛”，夏天穿的为“坡利套”。没有毛的皮板皮袄，黑龙江的鄂温克人称“哈仁莫奥鲁木迪”。皮袄的款式有别，比如衣领有两种，一种是半月形圆领，一种是比较矮的立领。衣袖肥大，长到臀部，多为右衽，少数是对襟。有的短皮袄穿在长大衣的外面。这种皮袄，一般来说男女同

农区鄂温克贴绘狍皮男服，衣长102厘米，通肩宽164厘米（图/庞雷）

萌萌的狍头帽

狍头帽在鄂伦春、鄂温克、达斡尔、赫哲等北方狩猎捕鱼民族中被普遍应用。它是用狍头皮原样制成。先将狍头皮完整剥下晒干鞣软，保留两只朝上的狍角和两个竖起的耳朵，在两个眼眶窟窿上镶上黑色皮子，在帽盔下缝缀一圈皮子，毛里皮外，翻上去可作帽檐用，放下来作帽耳取暖。大的帽口制作成成人的帽子，长度60厘米左右，小的帽口制成小孩的帽子，长度40厘米左右。狍头帽从远处看与真狍头无区别。戴这种帽子再穿毛朝外的兽皮大衣，能起到很好的伪装作用，狩猎时容易接近野兽。但因为太像真狍头了，偶尔也会被猎人误伤。因此，也有把原来的两只耳朵割掉，用其他部位的狍皮另做两只假耳朵以示区别的。

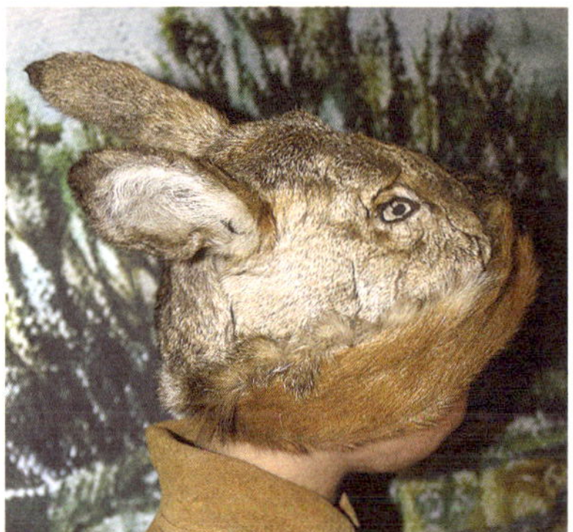

狍头皮帽（图/刘玉亮）

使鹿鄂温克人狩猎早期，男女都是穿着皮制服饰，样式简单，下摆过膝，对襟，后带有圆形帽子，袖子宽松。由于狩猎业的发展、驯鹿饲养的进步，使鹿鄂温克人的传统民族服饰随之发展为更加美观大方实用，而且具有本民族特点的服装样式。女子民族服装上衣的特点是大翻领，过膝，对襟，有腰带，衣领、袖口、下摆、对襟处缝制单双不同的花边，早期以红蓝黄为主，后期绣有鹿角、几何图案等纹样（图/龚宇）

款无区别，只是衣边花纹不同，男式比较简单，女式比较复杂美观。

辉河流域的索伦鄂温克人统称皮大衣为“苏翁”，通古斯鄂温克人称“苏吾讷”，黑龙江的鄂温克人称“囊德孙讷”。皮大衣款式美观，羊皮大衣有的用布或绸缎褂面。狍皮、犴皮大衣皮板朝外，男女均右衽，男式左右开衩，女式不开衩，衣袖宽肥，衣长到脚。男式多为马蹄袖，向上翻卷。女式袖长宽度一样，无马蹄款式，也向上翻卷。衣边、领口、大襟、开衩处都镶有花边，纹饰丰富多样。

清朝和民国时期，鄂温克族的兽皮服饰仍很发达，但在中华人民共和国成立后，狩猎活动逐步受到限制，加之布匹的大量使用等因素，兽皮服饰逐渐减少，如今几

上图：牧区鄂温克羊羔皮女服，衣长114厘米，通肩宽120厘米（图/庞雷）

下图：狍皮大衣及狍皮男服前身下摆细部纹饰（图/庞雷）

乎消失。但是，使鹿鄂温克人因为狩猎活动维系的时间长，与外界接触少，他们的服饰得以保留了原生态意味。一些研究文章提到加拿大民族学学者伊恩·怀特（Ian Whitaker）先生还保存着他的老师于20世纪20年代初在额尔古纳河东岸奇乾一带拍摄到的使鹿鄂温克人服饰照片，有意思的是与雅库特人、因纽特人的服装相似，所有人都穿着下摆过膝的对襟式服装，后脖领上缝缀有圆形套帽，双袖则显得宽厚。

使鹿鄂温克人最有特色的服装是女式长袍。长袍长及脚面，大翻领，对襟，袖口微收，腰上系有宽皮带，由于受俄罗斯人的影响，款式体现出浓郁的俄罗斯风格。年轻的女人用腐朽的柞木把长袍熏成土黄色。这类女式皮袍主要以彩色布条作为装饰，衣领、袖口、衣襟、下摆的边缘处，都镶有一至两层红色、蓝色的边饰，体现美感。也可以用其他的颜色作为补色用，常用的有黄色和绿色。这些较少绣有图案的衣服边缘上的饰条宽窄不一，与浅黄色的皮袍有规律地搭配成一体，古朴而艳丽。现代的使鹿鄂温克猎人的皮制服饰有一些变化，可能受到了其他民族的影响，翻领变得更小，仍然是对襟，袖口更紧一些，主流是短衫。在胸襟之下及下摆左右，各缝上两个明兜。普遍系腰带。冬季穿带毛的兽皮制作的衣裤，夏季则穿去毛的兽皮制作的衣裤。

扎兰屯地区索伦鄂温克人的若干服饰名称

哈拉米	春狍皮衣
南德刻	皮裤
苏威	皮套裤
伯利	手套
敖斯开德	靴子
梅塔阿功	狍头皮帽子
道克顿	皮袜子
乌玛拉	腰带子

国家级非物质文化遗产——通古斯鄂温克族服饰

“通古斯”，鄂温克语也叫“哈木尼甘”，该部落主要分布在内蒙古自治区呼伦贝尔市鄂温克族自治旗锡尼河流域和陈巴尔虎旗鄂温克民族苏木。他们从事着狩猎与游牧相结合的生产活动，与之相适应，其民族服饰自成一格。陈巴尔虎旗的鄂温克民族服饰被列入第四批国家级非物质文化遗产名录。

做工精细，讲究样式

通古斯鄂温克人的服饰以长袍为主，不管什么季节、年龄和性别，长袍都是标志性服饰。蓝色和绿色是通古斯鄂温克人喜欢的颜色，蓝色与蓝天、绿色与大草

使鹿鄂温克男服，衣长140厘米，袖长70厘米（图/庞雷）

原存在着对应象征的含义，袍子的颜色自然以这两种色彩为主基调。通古斯鄂温克中老年人尤其喜欢蓝色，所以，服饰多用蓝色布料缝制，既不与草原、森林重色，又体现了天人一色，人神融合。在布料和绸缎传入通古斯鄂温克之前，通古斯鄂温克人的衣服全是皮制的，皮制袍服抗寒、耐磨，不易破损。他们的服装样式简洁，以实用为原则，重视色彩和花纹的使用。

通古斯鄂温克未婚女子服装，衣长120厘米，通肩宽145厘米（图/庞雷）

通古斯鄂温克人南迁后，开始接触游牧民族，所以，袍服的样式受北方游牧民族影响较大。长袍的衣襟交叉裁剪，右边有6个扁形或圆形的铜或银质的扣子，镶金黄色和绿色的缝道，有的衣襟上装饰“猎户星座”的标志。男子的长袍青色和蓝色是主基调，系腰的“奥木勒”（长带子）一般为绿色和黄色。夏季穿的长袍叫“特尔里克”，春秋季节天稍凉时，絮上棉花缝制，这显然是受到了农业民族的影响。有一种服装叫“朝巴”，稍长一些，另外一种叫“胡日莫”，都是在风雨天或早晚天凉时穿着的，款式都较肥大，早期用兽皮制作，近现代用呢料制作。另有一种用长毛朝外的山羊皮制成的肥大服装叫“达哈”，肩部有皱褶，开襟，分长、短款两种，一般在冬季外出或放牧时穿。

通古斯鄂温克人的帽子有多种，其中的“肖布噶尔”很有特色。这种帽子男女老少皆宜，呈倒圆锥形，帽面用蓝色或绿色的布料缝制，帽耳更有北方渔猎民族的特点，用狍子、狐狸、貂、羊羔的熟好的皮子做里子。冬季可以放下遮耳，不用时折到帽盔里，同时也可以系在穗前或穗后。帽顶上的红穗子鲜艳夺目，别有韵致。在冬季，通古斯鄂温克人还戴一种称为“胡日干”的帽子，它是用四方形的羊羔皮缝制的。

通古斯鄂温克犴皮靴，长29厘米，高42厘米（图/庞雷）

靴子是通古斯鄂温克人最常穿的，在草原上骑马放牧必须穿靴子。有三种靴子，即“哈木尼甘古图勒”“亚巴干古图勒”和“伊日莫格台古图勒”。“哈木尼甘古图勒”和“亚巴干古图勒”是皮靴，夏季和冬季的样式不同。用刮掉毛的单层熟牛皮缝制夏季皮靴，用带毛的熟皮缝制冬季皮靴。缝制冬季皮靴时，带毛的一面朝里面，这样才能保暖。“哈木尼甘古图勒”“亚巴干古图勒”的靴底较薄，便于骑马、劳动。"伊日莫格台古图勒"体现另一种风格，靴底厚，靴靿常用狍、鹿和牛的熟皮缝制。缝制这种靴子的熟皮，要浸泡在煮松树皮的水中染色。"伊日莫格台古图勒"的靴底用两种材质制作，即熟过的皮子和毡子，并用白布条镶边，靴靿是素面，在靴尖的部分，绣或镶嵌着云朵形、菱形花纹和动物图案，美观且结实。"伊日莫格台古图勒"一般在重大节日时穿。

通古斯鄂温克男子有佩带火镰、烟袋和刀子的习惯。火镰和烟袋佩带在袍子的腰带前，皮质的烟袋荷包上绣有各式图案；刀子夹在腰带后面，刀把和刀鞘镶有银边和银纹。春秋和冬季，佩戴羊羔皮或兽皮做的"套如"和手套，"套如"是临时用来暖手的。总体上看，男子服饰与布里亚特人近似，这或许与他们生活的区域交错，彼此影响有关。

依照手掌形状裁剪的女袍

通古斯鄂温克妇女袍服特点异常鲜明，它是按照手掌形状裁剪缝制而成的，这种裁剪技艺世代相传至今。已婚妇女的长袍衣裙外肩部大多有褶皱，依靠褶皱形成了起肩。在腰间分布着呈弧形的前宽后窄的缝道。袖子上方有用绸缎粘硬后缝制的缝道。长袍上搭穿着坎肩。为美观，在长袍上镶缝着与坎肩颜色相配的饰边。这种坎肩长短不一，节日穿长坎肩，日常生活中穿短坎肩，长坎肩便于活动，短坎肩则侧重于修饰作用。还有一个不成文的规定：长袍衣裙的下摆必须用黑色的布料缝制，别的颜色是严禁使用的，至于为什么有这样的规定，并没有权威的定论。通古斯鄂温克已婚妇女的长袍，大多用绿色或蓝色的布料缝制，寓意蓝天和春夏的大地、森林，长袍的镶边多是金黄色和绿色。这特点，是通古斯鄂温克人生活环境和传统文化及其价值观的反映。

与已婚女子不同的是，未婚女子多穿贴身且衣裙呈筒式并带褶皱的长袍，腰间的缝道较宽，前后相同。衣襟上有"猎户星座"的标志。袍服充分展现了少女形体的曲线和她们活泼、聪慧的特点。

女子的冠饰也有已婚和未婚之区别。已婚妇女将头发梳成两根辫子，再将辫子套进用黑色布做的套筒内，套筒宽3.3厘米，长约40厘米。辫子上端佩戴三角形的银牌，并用银链连在一起，辫套的下端有圆形的银坠，并以银链系结在胸前。在额上帽下的头圈叫"特尔贝克"，富家女的头圈上装饰有珊

通古斯鄂温克已婚女子服装（图/庞雷）

瑚、玛瑙等。未婚女子的发型叫“克库勒”，将头发和彩绳一同梳成八根辫子并在发尾佩戴珊瑚和玛瑙。新婚的妇女发辫上系有三角形的银牌，叫“陶义毕”。

有意思的是，通古斯鄂温克少女的胸前都佩戴着银制的镶有珍珠、玛瑙、珊瑚的佛盒，这显然具有某种辟邪的作用，并且其含义是有演变的过程的。南迁以后，受游牧民族的影响，通古斯鄂温克妇女开始戴方巾，这显然不是在森林中狩猎的习俗，而是为了在草原游牧时遮挡阳光、沙尘和大风形成的。通古斯鄂温克少女和其他民族的少女一样，也喜欢戒指、耳环、耳坠、镯子、项链等饰品。

过去，通古斯鄂温克人的服饰、佩饰以及萨满神帽、神服、神器等，多数由本氏族的工匠制作，很少是交换所得。通古斯鄂温克人半职业的工匠从事这些物品的制作，其技艺是由世代传承而来。

通古斯鄂温克妇女头饰。帽子为水獭皮女帽，直径19.5厘米，高16厘米；发带长58厘米，宽8厘米（图/庞雷）

服饰之美

有一位哲学家曾经形象地将服饰比喻成“人的第二皮肤”，揭示了服饰与人的美学关系。无论从功能、材质、工艺还是装饰来看，鄂温克族的服饰都具有独特的审美价值。

巧于用材，实用为美

在生产力极不发达的狩猎时代，无论器物还是服饰，实用为第一要务，有用方为大美。鄂温克族各部落的服饰都高度适应了各自所处的地理环境及生产、生活的需要，表现出突出的功能之美。譬如前述的索伦等部落的狍头帽，其独特的外观形制，就极好地满足了狩猎活动中隐蔽、伪装的需求；又如使鹿鄂温克人的皮套裤，上宽下窄，前幅部位用带毛的驼鹿、马鹿腿皮拼接制作而成，这对冬季狩猎很有利，既可防风护膝，雪又不会灌入裤内。考虑到不同的季节的需要，套裤又分毛

仿照手掌形状裁剪嫁衣的技艺

在通古斯鄂温克人中流传着这样一个服饰剪裁技艺形成的故事。传说，有一位心灵手巧的母亲想为即将出嫁的女儿缝制漂亮的嫁衣，她苦思冥想，寻找缝制漂亮嫁衣的办法。一天，她灵机一动，心想能否仿照手掌的形状裁剪缝制嫁衣。于是她将双手手面向上伸开，十指并列展开，双手的各个部位代表着服饰的不同部位：按着大拇指的形状裁剪嫁衣的肩部和袖子，按着手掌的纹线裁剪嫁衣的前胸、坎肩的形状和后背花纹的式样，按着手指头的样子剪裁缝制带皱褶的腰身以下的部分。这样，母亲把一件漂亮的嫁衣剪裁缝制完成。这件嫁衣腰线呈弧线状，线条优美，窈窕的后背超凡脱俗，起肩处配以皱褶，充分展现出通古斯鄂温克妇女的美丽得体。由此，这种裁剪技艺在鄂温克族中流传下来，时至今日仍被推崇。

使鹿鄂温克犴皮套裤，长59厘米，上口宽29厘米，下口宽18厘米（图/庞雷）

朝外的和光皮板两种，上端也分齐口、斜口两种。如此设计，实用是第一位的，在满足了这一需求后，诸如狍头帽这样可爱造型的审美价值，才有所依附。

清代及以前，鄂温克族的服饰以皮制为主；清末以后，布匹的使用逐渐增多。无论是用皮还是用布，鄂温克人都能充分发掘不同材质的特点，尽可能地去营造美。他们利用细腻柔软的狍皮来制作衣服，又根据猞猁皮和水貂皮毛皮油亮、光滑，但稀少而贵重的特性，将它们镶嵌在领口等显著部位，以极少的材料来夺人眼球，达到局部装饰效果的最大化。他们用柔软的鹿颈皮来制作鞋底，猎人们穿着它在雪地行走时不会发出声音，这样就不会引起野兽警觉。通古斯鄂温克人冬季会客穿的羊羔皮袄，里层用羊皮，外层用布或绸缎做面，两种材料搭配和谐，低调又不失华贵。凡此种种，都说明鄂温克人即使在物质条件匮乏的情况下，对于美的追求和表达依然丰盈而充实。

工艺别致，装饰考究

通古斯鄂温克人仿照手掌形状剪裁服饰的传统技艺让我们领略了鄂温克族服饰制作工艺上的巧思，同样，使鹿鄂温克人掌握的补绣和刺绣技艺，精妙绝伦，令人叹为观止。所谓补绣工艺，是将经过染色的皮板剪成各种对称的纹样，将其补绣在彩色的布或兽皮衣物上。经过这种补绣手法装饰的布或兽皮衣物层次分明，粗犷奔放。特别是表现在五指手套的背面和狍皮衣袍的开衩之处。使鹿鄂温克人的刺绣技艺也很精彩，鹿头纹和变形的鹿角纹被较多使用，这种纹饰线条的韵律感很强，用红、蓝、黑、绿这几种颜色的线，锁绣纹饰的轮廓线条，表现出稚拙、简洁的效果。最能体现使鹿鄂温克妇女风采的是高筒皮靴，从脚面至靴的正面，多数绣有以红、蓝两色为主的对称鹿角纹作装饰，有时为达到整体美观，一般还在靴靿两侧和靴子正面做呼应纹样。靴口处通常以红、蓝、黑色布条镶边，凸显民族风格。

合适的材料、精湛的工艺还要配合以恰到好处的装饰才能锦上添花。鄂温克族服饰的装饰技艺也很有讲究。在色彩上，通古斯鄂温克人帽子上的红蓝搭配，与他们所生活的呼伦贝尔大草原的环境是如此协调，鲜艳夺目。使鹿鄂温克的儿童防寒服，采用熟好的彩色灰鼠皮、驯鹿仔皮、狗仔皮、驼鹿仔皮拼接而成，颜色艳丽，尽显儿童装的俏皮可爱。在纹样方面，鄂温克族服饰的纹样题材广泛，有星辰天体纹、植物纹、动物纹和几何纹等。譬如通古斯鄂温克男子和未婚女子的衣襟上的“猎户星座”标志纹样，在“擦噶拉咋”“恩格尔”和“恩各仁乌兰”三种袍服上使用。所谓的“擦噶拉咋”袍服，就是以主体颜色为基调，搭配上蓝、黄、

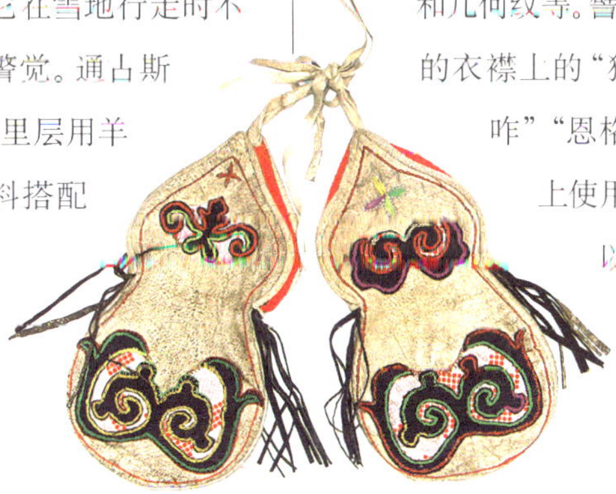

葫芦形狍皮绣花荷包，长25厘米，宽14厘米（图/庞雷）

上图：通古斯鄂温克猞猁皮帽，高38厘米，宽34厘米，帽围75厘米

下图：农区鄂温克妇女红珊瑚绿松石头饰，长45厘米，宽6厘米（图/庞雷）

绿三种绸缎，鄂温克人认为这三种颜色象征蓝天、原野、草木，奇怪的是禁用鄂温克人并不排斥的红色；“恩格尔”使用黑色绸缎缝制，表达对肥沃土地的向往；“恩各仁乌兰”使用红色绸缎缝制，红色是太阳的标志，在寒冷的北方，太阳就是生命的依托，所以，太阳象征着永恒与光芒。不同的搭配有着不同的寓意，文化意蕴丰富。驯鹿图案作为使鹿部落的特色个性化装饰，同样蕴含了多种寓意。写实的驯鹿图案、经抽象后的鹿角纹通过刺绣等技法被装饰于袍服上，表现出了浓厚的驯鹿文化特征。

服饰无疑是一种文化的载体，鄂温克族的森林文化和草原文化就是这样生动而具象地呈现在他们的帽子、袍服和裤、靴上。

筋线

鄂温克语称缝制皮衣用的筋线为“苏木勒西勒格特”。将狍子或鹿背上和腿上的筋取下来，晒干，用木槌敲打，将肉质和杂物打掉，只剩下纯筋，呈丝状。把筋捻成线，就可以缝制皮革制品了。背筋线长约50厘米，腿筋线长约3.3米。8条腿筋线能缝1件皮衣，2条背筋线能缝1双靴子。

鹿筋线（图/牛清臣）

身着传统服饰的使鹿（左）和通古斯（右）鄂温克女子（图/黎霞）

在歌舞中追忆森林生活

种类繁多的舞蹈音乐，始终传承狩猎文化

带着狩猎基因的舞蹈

鄂温克族的歌和舞带有原始的色彩，粗犷而神秘。鄂温克族的民间舞蹈音乐种类很多,由于地域差异，形成了不同的特色。《中国民族民间舞蹈集成·内蒙古卷》收录的鄂温克人的舞蹈有：阿罕拜舞、狩猎舞、阿芽舞、爱达哈喜楞舞、斡日切舞、聂那肯舞、巴勒那德舞、伊堪舞等8种。《中国民间歌曲集成·内蒙古卷》中，收录鄂温克族舞蹈音乐《奴克该勒》舞曲4首。这当中，反映原始狩猎生活的爱达哈喜楞(公野猪搏斗)舞、巴勒那德舞(跳虎舞)、聂那肯舞(犬斗舞)是最原始的舞蹈形式，也是最写实的舞蹈，是古代鄂温克人图腾崇拜、灵物崇拜的表现，也是娱神心理的反映，有人说称其为鄂温克族传统文化的活化石也不为过。随着岁月的流逝，鄂温克族民间歌舞的形式、内涵在不断地变化：一方面是由于居住地域的变化导致了生产方式的变化，对歌舞的形式、内涵产生了影响；另一方面，鄂温克人在扩散迁徙的过程中，与蒙古、达斡尔、满、汉等民族交错杂居，各民族的交融也对歌舞的形式、内涵产生了影响；特别是进入现代社会以来，世界的多元文化也在无孔不入地渗入人们的生活中，所以，现代因素也在潜移默化地

阿罕拜舞，以群舞或集体舞的形式表演，多在喜庆节日时起舞，歌词及舞蹈动作均取材于游猎生活(图/庞雷)

由传统舞蹈演化而来的当代鄂温克舞蹈，融进了更多的舞台元素（图/苏伟伟）

改变鄂温克人的歌舞。但有一点是不会变化的，那就是已经渗入鄂温克人心灵的原始狩猎文化的古老基因和对民族传统文化的历史记忆，因为这是鄂温克人的象征，只要民族不消失它就不会消失，它始终会在鄂温克族的舞蹈音乐中显现出来。

鄂温克族现存的民间舞蹈，从功能上可以分为礼仪舞、游猎图腾崇拜舞、节日庆典舞三类。阿芽舞是礼仪舞；爱达哈喜楞舞、狩猎舞、聂那肯舞、巴勒那德舞、阿罕拜舞属于游猎时代的舞蹈，舞蹈形式带有图腾崇拜的痕迹；奴克该勒舞、伊堪舞一般在节日庆典时表演。

再现狩猎生活的呼号型舞蹈

鄂温克族舞蹈的音乐有原始形态和成熟形态两种类型，对应为呼号型和歌唱型两种，其节拍虽然都是2/4拍，但呼号型音乐的舞蹈显然是原始生活的再现，是舞蹈的原始形态，与原始社会生活息息相关。这种舞蹈与狩猎活动和图腾崇拜关系密切，舞蹈风格古朴遒劲。舞蹈进行时，呼号、欢笑、跺地、拍手、拍击的各种声响，都成为了舞蹈的一部分，使得最原始的音乐与舞蹈融为一体。呼号声最初是自然的、随意的，是人的一种情绪和情感的无意识的流露，而后舞蹈的套路渐渐固定和模式化，呼号声也开始有了规律。如舞蹈的动作急促时，呼号声也会随之短促；舞蹈进入高潮时，呼号声会进入高音状态。衬词开始有规律地出现，与舞蹈动作一同起伏律动。高与低、强与弱、快与慢的变化和烘托，以及对动物鸣叫声的模拟，使得舞蹈与自然互为映衬，浑然一体，令人震撼无比。呼号声虽然不同于创作的歌词乐曲那般具有韵律，但与这种原始的舞蹈相结合，却显得天衣无缝，成为天籁之声、神灵之

模仿天鹅的姿态，翩翩起舞（图/冯训林）

舞。没有了这种呼号声，这样的舞蹈也就失去了其特定的文化之美。

爱达哈喜楞和巴勒那德舞是原始狩猎民族舞蹈形式的典型代表。鄂温克人在舞蹈中特意模仿他们认为最凶猛的公野猪和老虎，反映了敬畏、献媚心理及图腾的观念。爱达哈喜楞舞为男性双人舞，配舞的音乐是《吼吼》《哲恨》《哲会加》三种不同节奏的音乐。在《哲恨》第一和第二小节的音乐节奏出现时，跳起“抬手起步”的舞蹈动作，而在第三和第四小节循环往复的音乐节奏出现时，伴随的是行进的舞步。《哲会加》的音乐节奏，为带附点的节奏类型和四分音符音乐的交替，而《吼吼》的音乐节奏类型是连续的四分音符。这两种音乐节奏类型出现时，舞步是“双脚拍地”“双脚交替拍地”。两种舞步都表现了猛兽之威武，以及猎人与之周旋时的情景。“勾脚斗”和“咬斗式”舞蹈动作，表现了凶猛的公野猪间的争斗情景，惟妙惟肖。巴勒那德舞由5位中、老年妇女表演，4人扮演老虎的角色，1人则成了猎物的象征。音乐节奏较单一，为连续的八分音符，步伐同样以“双脚拍地步”为主，主要舞蹈动作为“虎斗”。鄂温克人把公野猪视为最凶猛的动物，习惯称“一猪二熊三老虎”，非常惧怕狩猎时遇到公野猪和老虎，因而对这些猛兽的形象铭记在心，对其秉性也会细心观察。反映在舞蹈中，这些猛兽威武的神情，敏捷且强劲有力的动作，令人不寒而栗。巴勒那德舞是鄂温克人狩猎生活的再现，但它不完全是简单的模仿，也蕴含着鄂温克人与虎神融为一体，甚至某种程度上对虎献媚的情感。

扫描二维码欣赏
《姑娘们的舞》

一台表现使鹿鄂温克人生活的敖鲁古雅舞台剧，可以让我们感受到某种原始舞蹈的遗风（图/苏伟伟）

更趋多样的歌唱型舞蹈

鄂温克人还有一种舞蹈形式，就是歌唱型舞蹈。歌唱的词汇、表现情景更为具体，音乐与歌词相映衬，原始的艺术性得到更充分的体现。它与呼号型舞蹈在起源上应该是一种递进关系，其音乐形态也经历了从简单到复杂、从单一到多样的发展阶段。歌唱型的舞蹈音乐表现的是鄂温克人在遥远的古代从事游猎时的生活情境，在空旷而神秘的森林河谷中，这样的歌舞是那时的人们与神灵沟通、集聚族群力量的最好方式之一。

阿芽舞是专属鄂温克族妇女的，这是一种传统的礼仪性舞蹈。“阿芽”在鄂温克语中用于见面时互相打招呼，译为汉语是“请安”或“问好”的意思。这种舞蹈由两名女性表演，在简单而单一的舞蹈动作中，表现了淳朴的情感。《阿芽曲》由4个乐句组成完整的乐段，这种乐句节奏形态很质朴，是一种鄂温克族音乐中典型的“短－长”结构，表现为音乐先密后疏，先紧后慢，且每个乐句的落点音均在长音上，旋律急缓交错，抒情性强。

《姑娘们的舞》《萨吉格涅萨那》《内胡榜》《天鹅湖》等是鄂温克人节日庆典舞奴克该勒舞音乐的代表曲目。其中，阿荣旗查巴奇鄂温克族乡流传的奴克该勒舞的主音乐《萨吉格涅萨那》中，有一个经常出现的衬词“哲辉冷”，因而该舞蹈又被称为“哲辉冷舞”。奴克该勒舞蹈产生于原始时代，最初是以模拟的各种动物的鸣叫声和手脚的拍击伴奏，用固定的歌曲伴唱并用乐器伴奏，是鄂温克族社会发展到一定程度后出现的。它的表演形式是两个人面对面手拉手左右转动，动作很简单，以唱为主。《萨吉格涅萨那》为四句体乐段结构，第一部分由两个方整性乐句构成，第二部分则是以“鱼咬尾”的形式展衍、变化重复，形成一个完整的乐段结构，全曲自然、流畅，一气呵成。乐曲的节奏类型十分丰富，尤以小切分、小附点、大附点、倒附点等非均分节奏的大量运用而形成轻巧、俏皮的音乐风格。

从目前的流布范围来看，无论是带着原始呼号声的爱达哈喜楞舞，还是边唱边跳的奴克该勒舞，鄂温克族游猎舞蹈不仅流传于敖鲁古雅鄂温克族乡这样“最后的狩猎部落”之中，而且还广泛地流传于已长期告别狩猎生活，习惯了农业和畜牧业的农区、牧区。由此可见狩猎文化对于鄂温克人的影响之深。无论是鄂温克族的哪一个分支，也不论他们现在从事驯鹿饲养业、牧业、农业还是远在他乡，甚至融入城市，狩猎歌舞和狩猎文化都承载着他们最原始的民族记忆，是他们的民族文化之根，是鄂温克族具有标志性特征的“文化符号”。

说唱音乐尼玛罕

鄂温克族有一种具有说唱音乐特点的叙事民歌“尼玛罕”，有点像赫哲族的“伊玛堪”。各地鄂温克人给它的名称略有不同，布特哈地区（今扎兰屯市）的鄂温克人称之为“尼玛罕”（“尼木阿罕”），敖鲁古雅使鹿鄂温克人称之为“尼姆阿坎”，俄罗斯远东地区的鄂温克人(埃文基人)称之为“尼玛坎”。

从事鄂温克族音乐研究的学者过去将尼玛罕归入扎恩达拉嘎（山歌、小调）之列，看来失之偏颇。鄂温克族民族音乐学者丽娜认为，“尼玛罕”不属于扎恩达拉嘎，而是鄂温克族“古老的说唱故事形式”。这一观点较有说服力，因为尼玛罕的音乐形态、表现手法、节奏节拍等诸多方面，都自成一体，既不是山歌，也不是小调，特点和类型均有差异。关键是鄂温克人自己普遍认为尼玛罕就是尼玛罕,而不是扎恩达拉嘎。仔细分析尼玛罕就会发现，它具有典型的说唱音乐特点，某些篇目与长篇叙事民歌又很难区分，以《金珠和珠列》为例，它与长篇叙事民歌很接近，与山歌、小调完全不同，应该说是一种具有说唱音乐特点，节拍自由、流畅的叙事民歌。尼玛罕说唱音乐艺术的特点，主要体现为说与唱、叙事与代言相结合的民歌形式，以英雄史诗、神话故事、长篇叙事等题材为主，内容宏大，篇幅较长，思想深邃。

说唱结合，宏大叙事

敖鲁古雅鄂温克人中流传的“尼姆阿坎”《莽吃》，说与唱、叙事与代言结合，相得益彰，交互映照。这是一首讲述鄂温克妇女用歌声赶走巨鹰“莽吃”的民歌，在表演过程中，表演者亦说亦唱。说的时候，铺叙故事的

叙事民歌传承人热尼亚（图/冯训林）

背景，交代故事情节；唱的时候，时而扮演巨鹰的各种动作，尤其是袭击动作，时而表现妇女们用歌唱驱赶巨鹰的情景。

尼玛罕音乐题材古远，表现了遥远时代的思维逻辑和美学内涵，故事包括英雄史诗和神话、童话、爱情故事等，且篇幅一般都较长。根河市敖鲁古雅鄂温克族乡的《希温·乌娜吉》是神话故事的典型代表；俄罗斯远东的鄂温克人(埃文基人)中流传着很多具有典型意义的英雄史诗，其内容一般表现了鄂温克族的英雄人物克服千难万险、历经磨难，最终战胜恶魔、造福人类的故事，流传于鄂温克族自治旗辉苏木的《狍子之歌》（又名《母鹿之歌》）与《莽吃》一样，是童话题材民歌的代表作；在鄂温克族自治旗辉苏木和阿荣旗查巴奇鄂温克族乡，流传着《金珠和珠烈》《两棵白桦树的故事》等长篇爱情故事。

鄂温克族民歌(叙事民歌)《狍子之歌》，是鄂温克族自治旗成功申报的第二批国家级非物质文化遗产，被称为“古老狩猎文明遗存的精华”，“充分体现了人类最为原始的环保意识的经典之作”，是鄂温克族民间音乐的代表作。《狍子之歌》以童话的叙事方式与表现手段来述说整个故事,以人类的视角和审美观、价值观透视动物们纯净而充满疑惑的心灵世界。狍子

狍子之歌（节选）

有一个人哪!
骑上一匹栗色的马，
领上一条花狗，
肩上带着三岁的鹰，
他的名叫"侯呼迪墨尔根"，
这个人的箭哪!
射中了我。
黑头前有一双眼，
他的脚是弯弯的，
就是他的箭射中了我。
我的儿子呀，
我的姑娘呀!
你们赶快吃一下我的热奶，
不要拿下这支箭，
因为拿下就会死，
如果想救母亲，
赶快到兴安岭的顶峰，
那里有一个水泡，
水泡旁有人参，
如果拿到人参，
也许我会好。
我虽然有四个眼，
但不如两个眼的人，
我的伤很重，
很可能等不了你们回来。
你们要记住，
世上有个黑头弯脚的家伙，
很厉害，方法多，
你们住的地方一定要在山顶，
不要在山沟和山坡。
走路不要只顾前面，
那黑头可能跟上来，
睡觉时要回头对着脚踪，
因为他会跟着你的脚踪。
白天不要在没有树的地方走，
要在深山密林里走，
在山顶睡也要注意四面八方，
黑头弯脚的人，你们是抵抗不过的。

扫描二维码欣赏
使鹿鄂温克民歌《毛敖吉坎》

雪野上机警的狍子（图/李彬浩）

鄂温克族歌唱家乌日娜(图/苏伟伟)

妈妈和孩子生离死别时,妈妈谆谆告诫孩子们世间的险恶、亲情的重要、生命的宝贵和爱的真谛,对于杀戮生命的罪恶行为,进行了深刻的鞭挞。作品对生命的意义、生态的均衡给予了重点的关注,是鄂温克人对人与自然关系的思考的产物。

五声调式,节拍自由

尼玛罕音乐的调式遵循了鄂温克族音乐的特点,在五声调式中以宫、徵调式为主。转调旋律主要呈现为上五度或下五度关系的近关系转调。在抒情性与叙事性相结合的旋律中,抒情性特征表现得更为突出。但敖鲁古雅鄂温克人的音乐体裁以羽调式居多,且伴有变化音的出现。

尼玛罕的说唱性音乐,最主要表现还是节奏节拍的自由发挥。例如《狍子之歌》的某个乐段就采用了以八分音符为单位拍的散拍子。该单乐段由四个小乐句组成,调性为北方游牧民族普遍采用的“五度结构”,第一乐句落点音为羽音,第二乐句落点音为商音,二者形成五度结构;同时因为该乐曲为徵调式,商音与调式主音又形成五度关系,以商音为第二乐句落点音恰好形成第二乐句作为全曲半终止的开放性结构;接下来出于歌词处理的需要,也是为了满足疑问句的要求而加了一个乐节的补充,再次落到商音后停在角音上,形成疑问语气;第三乐句的落点音仍然是商音,与第四乐句乐曲结束处的主音再次构成五度关系,使得全曲乐句组织与调性布局具有严密的逻辑性。

同是《狍子之歌》的另一个乐段采用的是变换拍子,2/4—3/4—2/4—3/4—2/4的频繁节拍变换与自由多变的节奏组合,使得其在很大程度上具有自由节拍的特点。这样的节奏节拍为表演者根据唱词内容和情绪的变化进行自由发挥提供了更大的空间,表演者可以根据语言的节奏,韵律和语句的长短、句读,灵活地组织音乐的节奏。自由舒展的旋律和类似吟诵的演唱风格,形成了尼玛罕音乐抒情性与叙事性的完美统一。

标志性的四音列

《金珠和珠烈》是一首在鄂温克族自治旗辉河地区流传很广的尼玛罕。《中国民间歌曲集成 内蒙古卷》收录了它的四个版本,共同点是均为散拍子、两乐句组成的单乐段音乐结构、宫调式。其中,第一个版本的旋律充分体现了鄂温克族音乐的旋律特征,其中do-re-mi-sol四音列

口弦琴,琴体长10厘米,宽3厘米(图/庞雷)

具有典型意义，它与re—mi—sol—la、低音la—do—re—mi等，堪称鄂温克族音乐“民族性典型腔音列”。这种四音列(包括其移调形式mi—sol—la—si等)的结构实质是在纯五度框架内，两个大二度和一个小三度音程的结合，包括“大二度+大二度+小三度”“大二度+小三度+大二度”和“小三度+大二度+大二度”三种结构形式。这种纯五度框架的四音列还具有调式属性，具有稳定、巩固调式的重要作用，例如宫调式为do—re—mi—sol，商调式为re—mi—sol—la，徵调式为sol—la—do—re，羽调式为la—do—re—mi。在羽调式的两乐句结构中，第一乐句开头还常用其上方五度移调形式的mi—sol—la—si。这种纯五度框架的四音列常用于鄂温克族音乐的开头和结尾，有时还以其贯穿始终，在旋律发展过程中既可上行又可下行，在鄂温克族音乐风格的创作歌曲中也常常被有意或无意地频繁运用。因此，这种纯五度框架四音列可称为鄂温克族独特音乐风格的精髓。

大凡古老的艺术形态在其初始阶段通常都体现为亦歌亦舞的形式，在慢慢演化的过程中，人们才会将歌与舞分开，形成两种互相渗透的艺术。反映游猎的舞蹈是鄂温克族最古老的艺术形式之一，同萨满舞一样古老。舞蹈表现的内容是游猎时代原始生活的体现，具有原始美的特征，绝无现代人的矫情。尼玛罕以及礼仪舞、节日庆典舞等，则故事情节完整而曲折，内涵深刻、叙事宏大，其在传承本民族历史文化和教化方面的功能远超原始游猎舞，具有中古音乐文化承前启后的阶段性特点。它的产生时间无疑也晚于游猎舞。以反映广泛的世俗生活见长的扎恩达拉嘎（山歌、小调），形成的时间要比游猎舞蹈、尼玛罕、萨满舞蹈晚得多，一般而言，它不属于原始文化范畴。我们可以看到的是，在鄂温克族音乐舞蹈发展的历史上，游猎舞、尼玛罕和扎恩达拉嘎（山歌、小调），三种艺术形式在较长的时期内并存发展，但产生的时期却是不同的，都有其繁盛期。

鄂温克族谚语

马匹好坏骑着看，朋友好坏交着看。
糖果虽甜，不吃不知。人虽聪明，不学不知。
二月打胎，五月打茸，腊月打猪，十月打熊。
马不吃夜草不肥，羊不吃走草不壮。
毒蛇不分粗细，坏人不分远近。
劝人的人是神，出坏的人是鬼。

扎恩达拉嘎——山歌小调尽包罗

“扎恩达拉嘎”是山歌、小调之类鄂温克族民间歌曲的统称。鄂温克语“扎恩达”(zhaanda—)是“唱”的意思，“拉嘎”(—lga)是名词后缀，“扎恩达拉嘎”直译为“民间歌曲”。扎恩达拉嘎音乐内涵多样，题材广泛，反映的社会生活丰富，音乐形态和演唱技法形式多种多样。与舞蹈音乐和尼玛罕相比，曲目更为丰富，流传范围也更广。

玛丽亚·索的孙女何琪涵吹口弦琴（图/冯训林）

调分长短，旋律流畅

扎恩达拉嘎按照体裁可以划分为长调性质(或称山歌体)和短调性质(或称小调体)两大类别。长调的旋律形态与蒙古族长调相似，字少腔长，节奏舒缓自由，旋律不固定。因地区、因人而异，演唱风格多样，不像蒙古族长调那样使用"诺古拉"(指在马背上吟唱长调的一种颤音技巧)等演唱技巧。短调的旋律形态特点鲜明，字多腔少，节拍规整，旋律固定。在具体的演唱过程中，长调与短调的表现具有很大的灵活性，也没有十分严格的界定，人们在欣赏、体验时也没有严格的长调、短调的感觉和意识。长调在牧区的鄂温克人中较为发达，而在嫩江及其各支流平原与靠山区从事农业和半农半猎生产的鄂温克人则以唱短调为主。由此可见，扎恩达拉嘎的长短之分，不仅是指旋律形态上的长、短，也是鄂温克人游牧文化与狩猎、农耕文化的不同反映，不同的地域特点产生不同的文化即为此理。人们通过优美的旋律差异，就能体会到不同地域的鄂温克人生活环境与文化的丰富性和其历史的沧桑。

扎恩达拉嘎、尼玛罕、舞蹈音乐的差异是明显的，但从主要音乐旋律形态来看，都没有脱离鄂温克族民间音乐的共性特征。诸如旋律结构上以两乐句组成的乐段为主，前乐句中常带有呼唤性的音调，后乐句是前乐句或自由或严格的低五度模仿；调式多采用中国传统的五声调式；上行旋律常以级进为主，下行级进旋律常插入向上大二度或小二度的"甩音"装饰；歌词多用比兴手法，并且符合歌词谐头声的规律，即每一乐句第一个音节的声母相同或相近，有的甚至每个分句的头一个声母都相同，使得歌词声韵统一、和谐流畅。

钟爱三拍子

扎恩达拉嘎的节奏节拍非常有特点，首先是变换拍子的应用非常普遍，这符合游猎、游牧生活的特点和其民族率性的性格；而在嫩江流域齐齐哈尔等地农耕区域，鄂温克人的扎恩达拉嘎很少变换拍子，以单一节拍为主，这与其相对稳定的生活有关。其二，三拍子和由三拍子构成的复拍子以及混合拍子占主导地位。三拍子的普遍流行与鄂温克族的生活环境特别是长期与河流共处及对河流的眷恋之情相关。世界上很多民族的音乐都选择节拍为三拍子或六拍子的旋律来表现河流，鄂温克族具有代表性的歌颂河流的音乐《金色的雅鲁河》《雅鲁河》《毛敖吉坎河》《得敖套河》等，都使用了三拍子，其律动的特点和似波纹起伏的旋律线，以或隐或现、像流水般流畅和率性的状态表现出来，这种音乐会让人们坠入无限的想象和愉悦之中，心潮澎湃，情感跌宕起伏，激起对大自然的热爱和对其美景的想象。三拍子旋律的影响是如此久远和广泛，即使是在黑龙江省嫩江地区的农耕鄂温克族中，依然以代代相传的方式传播着三拍子的旋律。其三，扎恩达拉嘎产生于无拘无束的游猎生活时代，其三拍子节拍体现出自由的特点，节奏若隐若现，节拍忽强忽弱，不像西方音乐的三拍子节奏鲜明，规律性强。鄂温克人的三拍子乐句的尾音多为长音，让人感受到舒展、开阔之情。其四，扎恩达拉嘎中，八分音符的拍子类型十分常见，在节奏中重视三拍子的运用，普遍运用三连音。其五，扎恩达拉嘎

挂在摇篮上的野鸡腿骨，如同摇篮曲的歌词一样，提醒着这个民族的子孙，他们的祖先来自森林大山(图/庞雷)

庆典上的鄂温克族舞蹈，奔放豪迈（图/常胜杰）

的音乐节奏中，“短–长”节奏的使用是鲜明的特点，这种节奏也是鄂温克族语言节奏的显著特征，二者之间应该存在着内在的联系。

调式中国风，旋律四音列

鄂温克族扎恩达拉嘎的音乐调式，属于典型的中国五声调式体系，绝大多数旋律为五声调式。从不同地域的鄂温克人来看，敖鲁古雅使鹿鄂温克人与索伦鄂温克人在调式的选择方面是明显不同的。鄂温克族自治旗辉苏木、伊敏苏木、巴彦嵯岗苏木的索伦鄂温克族扎恩达拉嘎的调式，以宫、徵、羽为主，其中徵调式最多，没有角调式。敖鲁古雅鄂温克人的扎恩达拉嘎调式则以羽调式为主，其次还有角调式，而宫调式、徵调式合计仅占14%。比较特殊的一点是徵调式的旋律较少（或许没有）。还有一个十分引人注意的现象是在角调式的《阿拉巴吉河》中没有商音，却出现升fa和升sol两个调式变音，且升sol与第一乐句的落点音还原sol并存，这两个调式变音各出现两次，且从节奏节拍重音的规律来看都处于强位置，具有类似西洋大小调体系中旋律小调的效果。这种以羽调式、角调式为主的调式选择和升fa、升sol等变化音的出现，使得敖鲁古雅鄂温克族音乐的风格有别于其他地区以宫、徵调式居多的鄂温克族音乐，这种风格的形成很有可能是敖鲁古雅鄂温克人在历史上与俄罗斯人长期交往，受到俄罗斯音乐文化影响的结果。

扎恩达拉嘎与舞蹈音乐、尼玛罕音乐在旋律手法上有许多共同之处，例如尼玛罕《金珠和珠烈》中体现出的“纯五度框架四音列”，作为影响鄂温克族音乐风格的“民族性典型腔音列”，在扎恩达拉嘎旋律中也得到普遍的运用。其中，以宫调式“纯五度框架四音列”运用为鲜明特征的《金色的雅鲁河》也成为鄂温克族扎恩达拉嘎音乐风格的代表作。这种“纯五度框架四音列”就像承载着鄂温克族音乐风格的种子和基因，散布在无限多样的鄂温克族音乐之中，特别是上行四音列在乐曲开头开门见山式的运用，既增强了旋律的鄂温克族音乐风格，又体现了鄂温克族开朗乐观、积极向上的民族性格。

九大题材，一种乡愁

扎恩达拉嘎的题材分为狩猎歌、赞歌、思乡曲、爱情歌、礼仪歌、摇篮曲、儿歌、训谕歌、时政歌等九种。

在鄂温克族扎恩达拉嘎题材中，思乡曲具有重要的地位。鄂温克族在历史上曾多次迁徙，编入八旗之后，很多青壮年男子远征新疆、西藏、台湾等地。因长期远离家乡征战疆场，备受思乡之苦的熬煎，加之青年男子大量战死，所以，大量表达离别之苦、思念故乡的歌曲就出现了，这种情深意切的思乡曲，成为扎恩达拉嘎的重要题材。据说，布特哈八旗的鄂温克士兵远戍呼伦贝尔大草原的辉河岸边多年，难以忘怀美丽的故乡河——雅鲁河，在他们创作的多首新歌曲中，开头部分将老故乡的河雅鲁河和新故乡的河辉河在歌词中并列。还有一种思乡产生于远嫁的妇女中。她们嫁到了遥远的地方，多年见不到亲人和故乡，于是，思乡曲就会出现，以排解内心中的离愁别怨。《思念》《思念双亲》《故乡》《我们的故乡莫和尔图》《妹妹可怜》《我们大家实在可怜》就是其中的代表。《姑娘的委屈》《为啥把我嫁出去》《孟根朝鲁我们的家乡》《为什么让我倒霉》《高坡》等，则表达了鄂温克女性对不幸婚姻的控诉和怨愤，以及对家乡既思念又抱怨的复杂情感。

鄂温克族的摇篮曲很有森林文化的特色，是其游猎生活的反映，如敖鲁古雅地区使鹿鄂温克人中流传的一首摇篮曲唱道："博悠，博悠，我的宝贝，星星睁开了眼睛，小鸟闭上了嘴，夜色多么美！博悠，博悠，我的宝贝，月亮朝你笑，森林伴你睡，睡吧，我的宝贝！"

扎恩达拉嘎是鄂温克人精神世界的慰藉，是对生存世界长期思考的结果。他们在快乐、艰辛的游猎生活中，在历史上几次颠沛流离的大规模迁徙中，在出生入死的征战中，磨练出吃苦耐劳、坚毅不拔的意志品质，形成了与人为善、乐观豁达的民族性格，锤炼出视死如归、大义凛然的民族精神。在扎恩达拉嘎中，以上这些内容得以淋漓尽致地发挥和体现。扎恩达拉嘎音乐也就成为内涵丰富、风格独特，具有独到审美价值及独特精神文化特质的鄂温克民族文化中的瑰宝。

（本章音乐舞蹈部分，主要改编自苗金海先生的《内蒙古鄂温克族民间音乐研究》一文）

摇篮曲，哺育了一代又一代鄂温克人（图/黎霞）

撰稿专家

波·少布，黑龙江省民族研究所研究员。

汤洋，鄂温克族，黑龙江省民族研究所副研究员。主要从事民族问题研究。专著有《黑龙江鄂温克族简史》，主要论文有《中国民族区域自治制度的历史与现实基础》《论鄂温克族传统服饰的文化功能与变迁》《试述鄂温克族的传统交易活动》等。

《鄂温克族民间艺术探析》

扫描二维码，
阅读专家代表著作的电子版

秋日，在根河(图/林子)

第5章

冷极绽放美极

走进鄂温克族

本章主撰稿人：黑龙江省社会科学院研究员　那晓波　　根河源国家湿地公园总经理　王铁钢

额尔古纳河以东、嫩江西岸这样一片广大的山林、草原及河谷地区，是鄂温克族的家园。更确切一点说，鄂温克族小聚居大分散于广袤的大兴安岭和呼伦贝尔草原，所以，即使撇开鄂温克族丰富多样的人文资源不说，走进鄂温克族，无疑也是走进了中国极为壮美的山地和草原之一，那是一种令我们无言的大美。

如果把目光投在北中国如此广袤的区域里寻找与鄂温克族相关的焦点，我们很快便会聚焦于这样两个地方——根河市与鄂温克族自治旗：前者因为敖鲁古雅鄂温克族乡的使鹿鄂温克人近年来广受外界瞩目；后者顾名思义，又岂是探访鄂温克风情可以绕开的地方。

鄂温克族三部落生活于草原、林地与平原，由此形成了不同的民俗景观，而从呼伦贝尔市的海拉尔区经鄂温克旗往根河，沿途的自然景观也经历着由草原向林地的过渡，大开大阖，气象万千，自然与人文的相互映发，真的如山阴道上行，令人目不暇接。

因为鄂温克族的生活区域非常广大，根河与鄂温克旗才有了成为我们进入鄂温克族的最好切入点的可能。它们是美丽而精致的“斑”，带我们精准了解一只“豹”。

走进鄂温克族，注定是一场视觉盛宴。从文化上，我们一脚踏进的是中国历史的后院和北方民族的摇篮；从自然景观上，我们融入的是一幅大气磅礴的山水长卷，晨昏各异，四季不同。

跟我走吧，现在就出发，走进根河，走进鄂温克旗，走进鄂温克族。

根河的黄昏，纯净是它唯一的名字（图/林子）

走进根河

最大的“污染”是松香，最大的“噪音”是鸟鸣

沿着林间小路款步而行，耳畔溪流泠泠作响，远山云雾缭绕，连绵逶迤，路两侧，喧闹地拥挤、绽放着一丛丛小花，山坡上，各色林木拔地参天，空气中弥漫着松香、花香和泥土清香混合在一起的甜蜜味道。这时候的你会心驰神往于大自然本身玉洁冰清的情境之中。久居于城市的广厦宏宇，有几人有福消受这根河源的美呢？

起伏的清脆鸟鸣如泉水淙淙从林间涌出，透着惊喜，露出喧闹。它们常在曙光初露的早晨，用盛大的交响和声来迎接旭日冉冉东升；每天傍晚，它们也常聚拢高树，用高亢的美妙和声欢送夕阳缓缓西沉，这时鸟鸣的交响甚至比早晨还要清亮、热闹。暮色四合，林间渐渐悄然无声，鸟儿们归巢各自安眠。

如同原始的农人，鸟儿们日出而作，以壮观的交响喜迎一天开始；日落而息，用纵情高歌欢庆一天的收获。它们临水而饮，择枝而栖，过着无拘无束、无忧无虑的生活。承载着它们这种纯净的自由和快乐的是根河源国家湿地公园。

根河源国家湿地公园

6月，还未来得及回望暖春的优雅，初夏已然悄无声息地靠在了肩旁，眨眼间，如痴如醉的春天已从我们的视线中逐渐淡去，不知何时，我们的双脚已经站在了夏天的边缘。

每一缕风都掺杂着花的气息，我们甚至可以听见它们窃窃私语的声音。多姿多彩的纱幔随着阳光飘动，静谧，安然。大片盛开的花朵将青山绿水衬托得十分美丽。6月到根河源国家湿地公园，在如梦的花海，看花开花落，云卷云舒。

根河源国家湿地公园野花竞相开放，密密地铺在草甸上，非常壮观。一望无际的杜鹃花海，彩蝶纷飞，蜜蜂起舞，一个个忙碌而又欢快的精灵，在花丛间穿梭往来，处处充满了一种奔放、自由、令人沉醉的勃勃生机！一阵阵的幽香环绕在你的身旁，娇艳的杜鹃花，肆意开着，昭示着生命的活力，向每个人展示根河源绝美的一面。

蓝天高远，白云悠悠，坐在软绵绵的草地上，微风把花香草香裹在一块送来。放眼望去，漫漫的青草铺着地，连着天，连绵起伏，一望无边，像浩瀚的大海，随着微风荡漾着，无数雪白、金黄的小花，在绿浪中轻轻摇曳、起伏，宛如绿海里泛着的泡沫。

坐久了，起来漫步在根河源的树林里。阳光透过树叶洒下来，在地面上留下一个个不规则的光圈，倾泻着它的柔情与静谧。偶有不知名的小鸟啁啾，仿佛是回响着的青春舞曲。天空洁净明朗，鸟声婉转清扬，心，怎么会不渐渐宁静？

纯净是根河源的名片，这里空气是纯净的，天空是纯净的，水更是纯净的。纯净的河水里游着纯净的鱼，根河源国家湿地公园的垂钓基地最适合人们在暮春时节适宜的温度和晴朗的天气里用竿了。

根河源国家湿地公园里的鄂沃迪部落仍保持着敖鲁古雅人传统的生活方式，到这里你可以看到用桦树皮搭起来的“撮罗子”，你还可以去户外看驯鹿、品尝“肝复灵”茶和鹿肉大串。在这里，你可以自由自在地在山林间徜徉，体验这古老的民俗风情。

斜阳下，根河源的小木屋如一个秋日的童话（图/林子）

得耳布尔的那些山

得耳布尔地处内蒙古大兴安岭深处，山岭环绕，面积很小，位于得耳布尔河冲刷形成的河谷盆地之中。往北翻过莫尔道嘎山岭，转额尔古纳市就进入呼伦贝尔草原，这里是背山面河的风水宝地。

得耳布尔河蜿蜒流过整个小镇。这里1958年之前没有人烟，所有的居民都是外迁来的林业工人。

得耳布尔的山，是连绵不绝的，是一望无垠的。北方的群山不像南方，那山是一座连接一座，云苫雾罩，永无尽头。一种博大、悠远之感，伴随着些微的苍凉会浮上心头。不用去刻意地观望，一座连着一座的苍黛色的山，便展现于眼前。绿得深深浅浅，让人的心中有如此敦厚亲切的慰藉。山静穆地凝视你，而又仿佛并不是永远静穆的，那起伏的脉络，那延伸的曲线，好像是在向人们展示它的厚重和辽远。

每年的5月，是山林最美的时候，兴安杜鹃在山野肆无忌惮地绽放着，在草场上的人，可以全身心地感受一种悠然自得的田园之情。草很高，花很多，绿色是主色调，与之相搭配的是清亮透明的溪水和绚烂的花朵。一阵风吹过，花朵摇晃着细长的花茎，好像在跳舞的少女。

7月是疯狂的季节，人们下河里捞鱼，上山采野果。没成熟的绿色的果如翠玉般晶莹剔透，而红透了的果子就像红色的宝石一样喜人……每一眼，都让人心旷神怡！

探访使鹿鄂温克魅力之乡

位于北纬50°的根河，被称为中国冷极，鄂温克民族中最神秘的一支，也是唯一使用驯鹿的一支就生活在这里。

在得耳布尔的山上俯瞰，五花山色，在寂静中燃烧（图/林子）

秋叶秋思(图/林子)

红色的果子像红宝石一样诱人(图/林子)

世界上有9个国家20多个民族饲养驯鹿。驯鹿总头数约250万头，多分布在俄罗斯、挪威、瑞典、芬兰等欧洲国家。内蒙古敖鲁古雅鄂温克族乡是我国唯一饲养驯鹿的地方。2008年6月，敖鲁古雅鄂温克族乡5个放养驯鹿部落正式以“敖鲁古雅部落”名义加入国际驯鹿养殖者协会。加入协会后，“敖鲁古雅部落”在驯鹿项目规划、养殖技术等方面同其他会员国家(组织)实现资源共享，这标志着中国的驯鹿放养业发展正式与世界接轨。2009年4月，在挪威卡特克诺市召开的第四届国际驯鹿养殖者代表大会上，“敖鲁古雅部落”获得第五届(2013年)国际驯鹿养殖者代表大会主办权。

曾经位于根河市最北部敖鲁古雅河畔的敖鲁古雅鄂温克族乡，如今已搬迁到根河市郊。根河地处大兴安岭北麓，拥有名副其实的亚洲第一湿地，它也是中国目前保持原生状态最为完好、面积最大的河谷湿地。湿地中有条弯弯曲曲、飘逸自如的河流——根河。

鄂沃迪部落的钟妮浩老人在林子里远远地看着她的驯鹿（图/林子）

这里森林覆盖率91.7%，年均气温-5.3℃，极端最低气温-52.6℃，是大兴安岭林区生态功能核心区，是中国北方的重要生态安全屏障。敖鲁古雅有清澈流淌的河流，草甸被弯弯曲曲的流水环抱，花草烂漫，白桦林连绵成片，令人神往。2013年7月24—29日，以“人·鹿·自然——可持续发展”为主题的第五届国际驯鹿养殖者大会在敖鲁古雅鄂温克族乡召开。敖鲁古雅鄂温克使鹿部落与世界其他地区的驯鹿养殖者们相聚一起，进行广泛交流，使我国这一泛北极驯鹿文化在国内外得以推广，获得更多的文化保护与传承方面的支持。

曾经的敖鲁古雅乡只有一条主干道，长不过二三百米。道两边是几排整齐的木刻楞房和砖瓦房。如今的敖鲁古雅乡，由芬兰贝利集团设计规划，面貌焕然一新。它拥有自己的博物馆、学校、文化站和小商店。敖鲁古雅乡生活着近500人，其中，鄂温克人大约有230人。他们现在已经是猎民定居后的第二代了。在山林中，还有几个猎民点，生活着30多位习惯于打猎和在山上饲养驯鹿的老猎民。现在，驯鹿已经不大用来运输，成了当地人的主要经济来源。

敖鲁古雅鄂温克族民俗村

敖鲁古雅鄂温克族民俗村位于根河市西郊，南临301省道，交通十分便利。民俗村总建筑面积58700平方米，依托森林、河流和鄂温克猎民的民俗民风，推出一系列具有地方特色的旅游活动项目，主要有森林观光、探险、模拟狩猎、民族歌舞、民俗表演、品尝民族风味餐、参观敖乡新居、探访猎民等活动。村内建有木质别墅式的游客服务中心、民俗文化博物馆、民俗表演平台、表演厅、餐厅和反映鄂温克猎民历史的图腾广场，有20世纪40—60年代不同时期的斜仁柱，有上山索道车、木桥和数处风格独特的猎民点，还有民俗表演队和

钟妮浩的驯鹿，在林子里逡巡（图/林子）

敖鲁古雅驯鹿之乡(图/苏伟伟)

驯鹿车，对敖鲁古雅鄂温克族猎民的历史、文化、宗教进行了充分的展示。

原生态舞台剧《敖鲁古雅》

在敖鲁古雅，可以看到鄂温克部落原生态舞台剧《敖鲁古雅》。该剧由"吉祥三宝"团队历时4年，深入森林部落，抢救性地收集了当地民歌、舞蹈、器乐、形体艺术等弥足珍贵的第一手资料，并走访北欧及远东地区，吸收相似的北极圈艺术文化元素创作而成。

寒冷而广阔的山林地带，生活着一群与驯鹿为伴的使鹿鄂温克人。他们沿袭着古老传统的生活方式，在寒冷的空气中用舞蹈来取暖。这样的舞蹈是狂野而颇具张力的。他们舞动着、吟唱着，与生灵万物和宇宙众神密切交流着。首部以使鹿鄂温克族民俗文化为背景的原生态舞台剧《敖鲁古雅》，围绕鄂温克族少女艾雅玛与青年猎手别日坎在林中相识、相爱，最终在敖鲁古雅河边营地幸福牵手的故事主线，集中展示使鹿鄂温克部族的民间音乐、舞蹈、服饰、器乐及风俗仪式，还原了其生活全貌，并将鄂温克人的审美趣味、精神元素融入其中，破解了寒带气候条件熔铸的生命密码。它不仅展示了使鹿鄂温克人独特的"喉音发声打拍"唱法，以腿部蹬踢弹跳为主的鹿舞和仙鹤舞，还开创性地以舞台的形式展现已被列为国家级非物质文化遗产的神秘萨满舞和祭火神仪式。演出服装由鄂温克族妇女全手工制作，图腾标志、纹饰极具泛北极圈文化特征。鹿哨、口弦琴、萨满鼓等鄂温克族民间乐器营造了林海雪原特有风情。《敖鲁古雅》演出现场使用5.1声道环绕立体声，完美还原寒带森林的空旷幽谧，这在国内舞台剧演出中尚属首次。

敖鲁古雅鄂温克驯鹿文化博物馆

2009年8月，敖鲁古雅鄂温克驯鹿文化博物馆落成。新建成的博物馆占地面积3175平方米，庭院面积1783平方米，首层建筑面积1392平方米。博物馆建筑设计大气新颖，外观突出民族特点的木质装修，给游客以视觉上的冲击，更加突出了敖鲁古雅驯鹿文化和森林文化。博物馆内部共分为7个展厅：历史综合展厅、狩猎文化展厅、桦皮文化展厅、萨满教文化展厅、兽皮文化展厅、驯鹿文化展厅、北极圈文化展厅。博物馆展示了鄂温克民族文化的各方面，共有馆藏文物400余件，其中，200余件为2009年新增文物。实物、图片、文字等资料比较丰富，具有较高的历史、艺术和科学研究价值。博物馆布展注重以文物、图像说话，融纪念性、历史性、教育

敖鲁古雅鄂温克族驯鹿文化博物馆（图/苏伟伟）

性、艺术性和观赏性为一体，充分利用虚拟打猎、雾屏成像、动感水波纹、空中翻书等高科技手段展示敖鲁古雅鄂温克驯鹿文化、森林文化。游客在这里能更深刻地感受到敖鲁古雅鄂温克民族在不同历史发展时期所创造的物质文化和精神文化。

同时，博物馆内还通过民族手工艺品作坊等附设空间，满足游客购物、休闲的需要。这里的兽皮作坊，展示的是鄂温克人最为纯正的兽皮文化手工艺品。所有兽皮都是人工熟制的，缝制兽皮用的都是手工制成的鹿筋线。这一古老的技艺已经濒临失传。游客在这里可以购买到手工鹿皮包、鹿皮手套、鹿皮靴子，还有用驯鹿鹿角纯手工制成的项链、耳环等。根雕猎刀作坊向游客展示的是鄂温克传统的民族猎刀和各种形态的根雕艺术品。桦树皮作坊则展示着鄂温克、达斡尔、鄂伦春、俄罗斯族4个少数民族的桦树皮工艺品。

敖乡山上猎民点

敖乡原有玛茹莎、达玛拉、玛丽亚·索、达瓦、布冬霞5个驯鹿猎民点，2009年又从玛丽亚·索点分出巴拉杰伊、索玉兰2个猎民点。目前共有7个猎民点，1200头驯鹿，承包驯鹿户27户，39人。这些猎民点都已发展成为敖乡山上旅游景点。

玛丽亚·索猎民点距根河市阿龙山镇60千米，现主要是放养驯鹿，共7户，有714头驯鹿。在此猎民点可以观赏到敖鲁古雅最大的驯鹿群，可以体验到最为纯正的鄂温克民俗，还可以观赏蛙鸣山美景，登奥克里堆山、鹿鸣山。

鹿茸和鹿胎膏在敖乡猎民家中有售（图/庞雷）

达瓦猎民点距根河市嘎拉牙林场20千米，此猎民点的主人叫达瓦，是一位年轻的猎民，他和他的妻子组成了这个猎民点，有100头左右驯鹿。从这个猎民点可以到达汗马自然保护区，这里山峦突兀，千峰陡峭，林密草深，绿波汹涌，被誉为放大的盆景、缩小的仙境。

达玛拉猎民点位于根河市金林林场附近，有200头左右驯鹿。这个猎民点最大的特点是附近有天然的矿泉水泉眼一处，您可以喝到纯正的天然矿泉水。花尾松鸡时常在林中飞行。

布冬霞猎民点位于根河市上央格气林场附近，距根河市区38千米，共有5户猎民，驯鹿50头左右。幸运的话，在路边您可以看到很多的野生动物，如驼鹿、狍子等。

玛茹莎猎民点距根河市44千米，在好冷线44千米处，共有2户猎民，饲养驯鹿40头左右。这里的阿荣布大叔会讲很多鄂温克故事，并很愿意和您与驯鹿群合影。这里的风景非常美丽，夏季绿色林海，碧“波”荡漾，秋季层林尽染，冬季银装素裹。

继承了传统手艺的当代鄂温克人所制作的彩绘装饰桦树皮盒、鹿皮童靴（图/庞雷）

巴拉杰伊猎民点位于阿龙山镇以南20千米处，有2户猎民，饲养50头驯鹿。这里可以看到敖鲁古雅鄂温克猎民画家作画。

索玉兰猎民点也在阿龙山镇，有3户猎民，近50头驯鹿。索玉兰是当地有名的歌手，会唱很多动听的鄂温克族传统民歌。

鄂温克岩画

鄂温克岩画位于阿龙山林业局南姑娘河林场55千米处的宝拉坎岩石上，距镇区60千米，距根河市区207.5千米。“南姑娘”是鄂温克语“阿乌尼”的转音，意为“有画的岩石”。岩石虽饱经风雨侵蚀，但图像仍较清晰，用赭石颜料描绘，色调分明，结构比较简单，有完整的驯鹿轮廓。可辨认的内容有动物如马鹿、驯鹿、追逐野兽的猎犬，还有反映原始宗教萨满教以及鄂温克人集体狩猎的场面等。这些岩画是一份珍贵的文化遗产。

古老的岩画（图/冯训林）

走进鄂温克族自治旗

500岁的樟子松与博物馆一起守望历史

夏日的红花尔基国家森林公园（图/吴文杰）

徜徉在红花尔基国家森林公园

红花尔基国家森林公园位于大兴安岭西麓呼伦贝尔市鄂温克族自治旗南端，与内蒙古红花尔基樟子松自然保护区相接壤，北邻呼伦贝尔大草原，西南与阿尔山市、蒙古国毗邻，距离呼伦贝尔市区120千米。红花尔基国家森林公园拥有全国唯一集中连片、亚洲最大的沙地樟子松原始森林。樟子松为国家二级珍贵保护树种，以其特有的防风固沙、抗旱、耐贫瘠等特点为人们所喜爱，观赏价值极高。公园总面积6726公顷，以四季常青的沙地樟子松丛林和浩瀚无垠的草原湿地景观为主。连绵起伏的山岭、波光粼粼的湖泊、绚丽多彩的民族风情等自然和人文景观，使公园如浓彩泼洒，缤纷绚烂。

2000年，红花尔基国家森林公园开始建设，公园选址于国家级自然保护区红花尔基樟子松自然保护区边缘地带，很好地平衡了旅游开发与自然资源保护的关系。郁郁葱葱的樟子松林带长约120千米，最宽处约40千米，如同一道绿色的屏障矗立在美丽的呼伦贝尔大草原的南端。如此范围的樟子松林带不是普通旅游者所可以穷尽的，因此红花尔基国家森林公园的建设非常有必要。公园内除了壮观的樟子松林带外，山杨、落叶松、蒙古柳、山丁子、稠李子等植物也广有分布，与樟子松林一起构成了丰富的植物群落，形成了梯次分布、错落有致的植物景观带，极具观赏性。值得一提的是，樟子松林中的一些寿星，年龄高达300—500岁，真可谓阅尽沧桑。在这样的古树下站上一会儿，听风掠过树林的沙沙声，你可以尝试着让心与之对话，很快便会灵台清明，纤尘不染。此时，唯一可能打搅你的是林间不时飞起的鸟雀，它们频繁地起落于不同枝头之间，在自己的领地里自由地嬉戏，偶尔用声声鸣叫来传达它们心底的欢乐。据说，公园里"入住"的禽鸟多达26种。"鸟鸣山更幽"，行走在这幽静的天地，与这些自由的精灵为伴，是一种幸运。

鄂温克博物馆外景（图/鄂温克博物馆）

鄂温克博物馆的述说

鄂温克博物馆坐落在鄂温克族自治旗政府所在地巴彦托海镇中央路北段，它是全面展示鄂温克族历史文化与发展的博物馆。

博物馆于1998年8月建成，馆舍面积4600平方米。馆藏文物800余件；历史、民俗图片73幅，文字版面34块；成就厅图片115张，文字版面20块。

展览主要分为三大部分，即民族历史、民风民俗、民族盛世。“民族历史”追溯了鄂温克人从石器时代到元明时期的流转变迁。“民风民俗”展示了从清代到民国时期鄂温克族狩猎、游牧、农耕三个部落不同的经济形态和生活面貌，展示了他们适应自然环境，勤劳勇敢智慧的民族特质，斜仁柱、萨满服、鹿哨等图片和实物，能带领观者走进深山密林，走进嫩江流域，去感受这个古老民族的律动。“民族盛世”则集中展现了当代鄂温克族生机勃发的全新面貌。

红花尔基

红花尔基为蒙古语，意为“盆地”“洼地”。其地形正如名字一样，四面群山高地环绕，樟子松郁郁葱葱。红花尔基地理位置优越，自然环境优美，资源种类独特，素有“草原屏障”“国界长城”和“绿色瑰宝”之称。这里有一望无际的樟子松原始森林，大小河流纵横交错，湖泊星罗棋布，动植物种类繁多。漫步在深林万树之中，湖泡清澈见底，鱼儿漫游，万物生机勃勃，百鸟争鸣，令人流连忘返。

按照整体规划，红花尔基国家森林公园划分为三大功能区——森林旅游度假区、森林野营览胜区和科普游览区，有望海楼、林中湖、蒙古包群、别墅群、狩猎场、射击场、樟子松林等七大景点和接待设施，目前可同时接待1500人就餐和300人住宿。夏秋两季是红花尔基国家森林公园最美的季节。

舌尖上的兴安岭

稠李子：别名臭李子，稠梨，是林区主要的野生浆果之一。果实含有33%的干物质，含糖量16%，含果胶量0.17%，每百克含类胡萝卜素10.4毫克，并含有丰富的维生素C。果肉含汁量多，口感酸甜，果实蛋白质含量大体与苹果相似，还含有矿物质和有机酸。有止泻、补脾、清热解毒、泻下杀毒及多种消炎功能。除生食外，当地还有加工而成的果汁、果酱、果酒等。

蓝莓：别名都柿、笃斯，属越橘类，是现存最古老的水果之一。果实为浆果，呈蓝色，近圆形。蓝莓果肉细腻，风味独特，酸甜适度，又具有清爽宜人的香气，蛋白质、维生素等常规营养成分十分丰富，矿物质和微量元素含量也相当可观，含有极为丰富的黄酮类和多糖类化合物，因此又被称为“水果皇后”和“浆果之王”。具有防止脑神经老化、强心、抗癌、软化血管、增强人体机体免疫能力等功能，还有活化视网膜功效，是世界粮农组织推荐的五大健康水果之一。除生食外，当地有蓝莓汁、蓝莓酱、蓝莓酒、蓝莓干等产品。

牙咯哒：北国红豆，学名红豆越橘，别名牙咯哒。主要分布于北纬52°以北大兴安岭原始森林中，色泽鲜红，叶可入药。含有丰富的维生素C、E和超氧化物歧化酶，还含有丰富的氨基酸、黄酮类化合物以及铁等无机元素，是天然的女性美容养颜保健食品。野生红豆果可直接食用，但主要用于加工果汁、果酱、果酒、提取天然色素等。

令人垂涎的蓝莓（图/林子）

山丁子：又称山荆子、山定子，多生于大兴安岭山区杂木林中。营养成分高于苹果，其中有机酸的含量超过苹果的1倍以上。味甘酸、性凉、无毒，有生津、利痰、健脾、解酒功效。果实成熟后可直接食用，也可在未熟软时以冰糖煮制或蒸制。山丁子是酿酒和调制纯绿色饮品的最佳原料，可用于制作果脯、蜜饯和清凉饮料，树皮可做染料。山丁子酱用馒头或烙饼蘸着吃，味道尤其不错。

刺玫果：又名野玫瑰、山刺玫果。含有多种氨基酸和人体必需的微量元素，锌的含量尤其高，号称“生命之花”。维生素C含量极高，远高于大部分水果，是“大地植物果之冠”，号称“VC之王”。传说一罐500克的野生刺玫果果酱的维生素C的含量即可保证军队一个连队战士全天的需要。有“维生素纪录保持者”之

牙咯哒、猴头菇与松塔，松子隐藏在松塔的层层鳞片间（图/林子）

称。除鲜食外，可提取野生刺玫果汁做饮料，特别是高级保健和运动饮料。它又是食品不可多得的添加剂，也可以用于直接生产果酱、果冻、果脯等食品。

面果：学名光叶山楂，俗称一把抓，味道跟山楂差不多，只是果肉更脆些。果可食，入药可健脾消食，生津止渴，叶和果治冻伤，扩张血管。可栽培供观赏。

菇茑：又叫菠萝果、姑娘，学名酸浆，超市里标写的是“美国珍珠果”。外有灯笼状外皮包裹，果实为红色或橘红色，多籽。含有18种氨基酸、21种微量元素和矿物质，还有8种维生素，是无污染、风味独特、营养丰富的天然食品，具有增强人体免疫力，清热，解毒，利尿，治疗骨蒸、咳嗽、咽喉肿痛、黄疸、水肿、天泡湿疮等功效。未成熟果实为青绿色，在不破坏果眼的情况下，从果眼挤出种子，薄膜可吹出声音。果实成熟之后可食用。

羊奶子：蓝靛果忍冬，又名黑瞎子果、山茄子、蓝果。浆果味酸甜，含多种氨基酸和维生素，可生食，又可提取色素，还可酿酒、做饮料和果酱。花蕾、果、嫩枝可入药，清热解毒。花又是蜜源。

松子：生长于大兴安岭岭脊的偃松（也叫马尾松）的种子。松子含脂肪、蛋白质、碳水化合物等。松子既是重要的中药，久食健身心，滋润皮肤，延年益寿，也有很高的食疗价值。可煮熟食用。马尾松的松子较小，市售松子多为红松的。

铁制列巴盘，直径26厘米，高3厘米（图/庞雷）

玛丽亚·索老人在打列巴（图/白兰）

驯鹿、斜仁柱、玛丽亚·索老人和孩子(图/冯训林)

走进鄂温克族必备交通攻略

湿地风光（图／曹秋思）

旗市区（政府驻地）

海拉尔—扎兰屯342千米

海拉尔—根河270千米

海拉尔—额尔古纳137千米

海拉尔—莫力达瓦旗535千米

海拉尔—阿荣旗391千米

海拉尔—鄂伦春旗490千米

海拉尔—鄂温克旗9千米

海拉尔—新巴尔虎左旗174千米

海拉尔—新巴尔虎右旗341千米

海拉尔—陈巴尔虎旗30千米

根河—额尔古纳133千米

敖鲁古雅鄂温克猎民的营地（图/冯训林）

旅游景区景点

海拉尔—鄂温克旗红花尔基126千米

海拉尔—额尔古纳室韦304千米

海拉尔—额尔古纳根河湿地140千米

海拉尔—额尔古纳莫尔道嘎365千米

海拉尔—根河敖鲁古雅（旧址）475千米

海拉尔—奥克里堆山390千米

海拉尔—根河敖鲁古雅（新址）270千米

海拉尔—鄂伦春旗嘎仙洞499千米

根河—敖鲁古雅（旧址）241千米

根河—莫尔道嘎114千米

根河—汗马自然保护区168千米

根河—奥克里堆山177千米

跨境游

海拉尔（经满洲里）—（俄）后贝加尔斯克250千米

海拉尔（经新左、新右旗）—（蒙）乔巴山557千米

扫描二维码欣赏
《走出森林》

撰稿专家

那晓波，鄂温克族，黑龙江省社会科学院研究员，主要致力于东北民族史研究，发表论文数十篇，著作有《鄂温克族简史》（合著）、《走近中国少数民族丛书——鄂温克族》（合著）等。

《试论清入关前对黑龙江流域各族的政策》

您可扫描二维码，阅读专家代表著作的电子版

王铁钢，根河源国家湿地公园总经理。2016年“呼伦贝尔最美旅游人”称号获得者。

秋林栈道（图/视觉中国）

编后记

“中华民族文化大系”牢牢把握为祖国各民族做一张历史文化名片的编辑宗旨，以人为本，从细节入手，力争展示每个民族的亮点、特点和发展过程中的关键点。这套“集大成”之作，从撰稿到出版，历经数载，凝聚了众多专家学者的心血，得到诸多领导、同仁、读者的关心与支持，亦参考借鉴了相关研究成果，因体裁所限，未能逐一标注，特此申明，并深表谢意！

需要说明的是，书中部分文字、图片、音乐、视频等，经多方努力，仍未能找到相关作者或著作权人的联系方式。作者或著作权人如发现请随时与我们联系（meimin56@163.com），我们在核实后将奉上稿酬。

民族文化丰富而博大，繁复而琐细，虽已尽全力校查、考证，但挂一漏万，肯定还存有不少谬误，恳请读者批评斧正。

本书编委会

2017年6月

图书在版编目(CIP)数据

鹿鸣兴安岭 ：鄂温克族 / 都永浩主编. -- 上海 ：上海锦绣文章出版社；上海文化出版社，2017.8（2018.3重印）
（中华民族文化大系）
ISBN 978-7-5452-1882-4
Ⅰ. ①鹿… Ⅱ. ①都… Ⅲ. ①鄂温克族－民族历史－中国②鄂温克族－民族文化－中国 Ⅳ. ①K282.3
中国版本图书馆CIP数据核字(2017)第166446号

上海文化发展基金会图书出版专项基金资助项目

责任编辑　李　平
整体设计　周艳梅
美术编辑　费红莲
督　　印　张　凯

书　　名　鹿鸣兴安岭——鄂温克族
主　　编　都永浩
出　　版　上海锦绣文章出版社　上海文化出版社
出　　品　上海故事会文化传媒有限公司
　　　　　（200020 上海市绍兴路74号 www.storychina.cn）
发　　行　上海文艺出版社发行中心
　　　　　（上海市绍兴路50号）
印　　刷　上海雅昌艺术印刷有限公司
版　　次　2017年8月第1版　2018年3月第2次印刷
规　　格　787×1092　1/16　印张　11.75
书　　号　ISBN 978-7-5452-1882-4/G·722
定　　价　75.00元

故事会 大众文化出版基地 www.storychina.cn　上海故事会文化传媒有限公司　出品（00642）　www.storychina.cn

上海故事会文化传媒有限公司所有图书可办理邮购，免收邮费（挂号除外）
汇款地址：上海市南绍兴路74号（200020）
收 款 人：上海故事会文化传媒有限公司出版发行部
联系电话：021-64338113

如发现本书有质量问题。请与印刷厂质量科联系 T：021-68798999